创新驱动下高校学生教育管理研究

梁　伟　著

哈尔滨出版社
HARBIN PUBLISHING HOUSE

图书在版编目（CIP）数据

创新驱动下高校学生教育管理研究 / 梁伟著.
哈尔滨：哈尔滨出版社，2024.10. -- ISBN 978-7
-5484-8219-2

Ⅰ. G645.5

中国国家版本馆 CIP 数据核字第 2024ED2974 号

书　　名：创新驱动下高校学生教育管理研究
　　　　　CHUANGXIN QUDONGXIA GAOXIAO XUESHENG JIAOYU GUANLI YANJIU

作　　者：梁　伟　著
责任编辑：韩金华
封面设计：赵庆旸

出版发行：哈尔滨出版社（Harbin Publishing House）
社　　址：哈尔滨市香坊区泰山路 82-9 号　　　邮编：150090
经　　销：全国新华书店
印　　刷：北京鑫益晖印刷有限公司
网　　址：www. hrbcbs. com
E - mail：hrbcbs@yeah. net
编辑版权热线：（0451）87900271　87900272
销售热线：（0451）87900202　87900203

开　　本：787mm×1092mm　1/16　印张：7.5　字数：164 千字
版　　次：2024 年 10 月第 1 版
印　　次：2024 年 10 月第 1 次印刷
书　　号：ISBN 978-7-5484-8219-2
定　　价：40.00 元

凡购本社图书发现印装错误，请与本社印制部联系调换。
服务热线：（0451）87900279

前　言

　　当今，创新已成为推动社会进步和发展的核心力量，教育领域也不例外。高校作为培养社会未来建设者和创新人才的摇篮，其学生教育管理工作面临着前所未有的挑战与机遇。本书旨在深入剖析这一关键领域的理论与实践，为高校教育管理的改革与发展贡献力量。

　　高校教育管理是一个复杂而又充满活力的系统，它直接影响着学生的成长与发展，关系到高校教育的质量和成效。随着社会的快速发展和科技的日新月异，传统的高校学生教育管理模式逐渐显露出其局限性。在新的时代背景下，我们迫切需要以创新为驱动，探索更加符合学生需求、适应社会发展的教育管理理念和模式。

　　以学生为中心的教育管理思想，相较于传统教育中以教师为主体的观念，是一个重要转变。这一理念将学生置于教育的核心位置，强调尊重学生的个性差异、兴趣爱好和自主选择，关注学生的全面发展。在教育管理过程中，不再是简单地对学生进行规范和约束，而是要激发学生的内在动力和潜能，引导他们积极主动地参与学习和实践。通过提供多样化的学习资源和发展机会，满足不同学生的需求，培养他们的创新思维和实践能力。

　　多元化与个性化的教育管理思想，是对社会多元化发展趋势的回应。高校学生来自不同的地域，有不同的家庭背景和文化环境，有各自独特的性格特点和发展诉求。因此，教育管理不能采用一刀切的方式，而应充分考虑学生的多样性。通过提供丰富多样的课程、活动和评价方式，学生能够根据兴趣和特长选择适合自己的发展路径。这种个性化的教育管理方式能够更好地激发学生的创造力和独特性，培养出具有不同特色和优势的人才。

跨学科与综合性的教育管理思想，打破了学科之间的界限，培养学生的综合素养和解决复杂问题的能力。在当今知识融合、技术交叉的时代，单一学科的知识已经难以满足社会的需求。跨学科的教育管理鼓励学生跨越学科边界，整合不同学科的知识和方法，培养创新思维和综合应用能力。通过开展跨学科的项目、课程和研究活动，学生在实践中学会综合运用多学科知识解决实际问题，为未来的职业发展和社会创新奠定坚实的基础。

在模式创新方面，"互联网＋"时代为高校学生教育管理带来了全新的变革。教育管理新模式充分利用信息技术的优势，打破时间和空间的限制，实现教育资源的共享和优化配置。在线学习平台的普及使学生能够随时随地获取知识，翻转课堂则改变了传统的教学流程，让学生在课外自主学习知识，课堂上进行深入的讨论。这些创新模式不仅提高了教学效率，还增强了学生的自主学习能力与合作探究意识。

项目制学习与实践教育的结合，为学生提供了将理论知识应用于实践的机会。通过参与真实的项目，学生能够亲身体验解决问题的过程，培养实践能力、团队协作能力和创新能力。这种模式能够让学生更好地明确所学知识的价值和应用场景，激发他们的学习兴趣和积极性，同时也有助于提高学生的就业竞争力和适应社会的能力。

本书对创新驱动下的高校学生教育管理理念和模式进行了详细的阐述和分析，具有重要的理论价值和实践意义。从理论层面来看，它丰富和拓展了高校教育管理的理论体系，为进一步深入研究提供了参考和借鉴。从实践层面来看，书中所提出的理念和模式具有很强的操作性和应用价值，能够为高校教育管理者提供切实可行的改革思路和方法。

对于广大教育工作者而言，本书是一本不可多得的指导手册。它能够帮助教育工作者更新教育观念，掌握新的教育管理方法和技术，提升教育管理水平。与此同时，也能够促进教育工作者之间的交流与合作，共同推动高校教育管理的创新与发展。相信通过阅读本书，能够激发更多的人关注和参与高校学生教育管理的创新实践，共同为培养具有创新精神和实践能力的高素质人才，推动我国高等教育事业的发展做出积极的贡献。

目　录

第一章　高校学生教育管理概述

高校学生教育管理是一项综合性的工作，旨在促进学生的全面发展，培养具有创新精神、实践能力和社会责任感的高素质人才。它涵盖了学生的思想政治教育、学业指导、生活管理、心理健康辅导等多个方面。高校学生教育管理的目标是为学生创造一个良好的学习和成长环境，帮助他们树立正确的人生观、价值观和世界观，提高他们的综合素质和竞争力。

在当今社会，高校学生面临着越来越多的挑战和机遇，如知识经济的快速发展、信息技术的广泛应用、社会竞争的日益激烈等。因此，高校学生教育管理需要不断适应时代的变化和学生的需求，创新管理理念和方法，提高管理效率和质量。

第一节　高校学生教育管理的概念与特点

一、高校学生教育管理的定义

高校学生教育管理是一个综合性的概念，涵盖了一系列旨在促进学生全面发展、实现高校教育目标的活动和策略。它不仅仅是对学生行为的规范和约束，更是一种积极的引导和培育过程。从广义上讲，高校学生教育管理包括对学生的思想政治教育、学业指导、生活服务、心理健康辅导、社会实践组织等多个方面。其目标是培养具有创新精神、实践能力和社会责任感的高素质人才。通过教育管理，帮助学生树立正确的世界观、人生观、价值观，掌握扎实的专业知识和技能，具备良好的沟通能力、团队协作能力和自我管理能力。

具体来说，高校学生教育管理涉及学校的各个部门和教职员工。辅导员、班主任是与学生日常接触最为密切的教育管理人员，他们关注学生的思想动态、学习情况和生活需求，及时给予帮助和指导。教师在教学过程中，不仅传授知识，还通过教学方法的运用和课堂氛围的营造，对学生进行教育管理。学校的行政管理部门则制定相关规章制度，为学生创造良好的学习和生活环境，保障教育教学活动的顺利进行。

高校学生教育管理还注重培养学生的自主学习能力和自我管理能力。在大学阶段，学生需要逐渐从依赖他人的管理转变为自我约束和自我激励。教育管理工作者通过引导学生制订学习计划、参与社团活动、进行自我评估等方式，帮助他们学会独立思考、自主决策，为未来的职业发展和个人成长奠定基础。

除此之外，高校学生教育管理也是一个动态的过程。随着社会的发展和学生需求的变化，教育管理的理念、方法和手段也需要不断更新和完善。例如，在信息化时代，利用网络平台进行学生管理、开展线上教育活动成了新的趋势。与此同时，关注学生的个性化需求，提供多样化的教育服务，也是高校学生教育管理不断发展的方向。

高校学生教育管理是高校教育工作的重要组成部分，它通过多种途径和方式，为学生的成长成才提供全方位的支持和保障，是实现高校人才培养目标的关键环节。

二、高校学生教育管理的主要特点

高校学生教育管理具有以下几个显著的特点：

1. 综合性

高校学生教育管理涵盖了学生的思想、学习、生活等多个方面，是一个综合性的系统工程。它不仅要关注学生的学业成绩，还要注重培养学生的思想政治素质、道德品质、创新能力和实践能力等综合素质。例如，学校会组织各类思想政治教育活动，如主题班会、讲座等，引导学生树立正确的价值观；与此同时，还会提供丰富的学术资源和实践机会，鼓励学生参与科研项目、社会实践和创新创业活动，以提升他们的综合能力。

2. 阶段性

学生在高校的不同阶段有着不同的发展需求和特点，因此高校学生教育管理也具有明显的阶段性。在新生入学阶段，重点是帮助学生适应大学生活，了解学校的规章制度和专业课程设置，建立良好的学习习惯和人际关系。在中高年级，教育管理的重点逐渐转向专业学习指导、职业规划和实践能力培养。而在毕业阶段，则侧重于就业指导、毕业设计和论文答辩等方面。这种阶段性的特点要求教育管理者根据学生的不同阶段，制定有针对性的教育管理方案，满足学生的发展需求。

3. 个性化

每个学生都是独特的个体，具有不同的兴趣爱好、性格特点和发展潜力。高校学生教育管理要尊重学生的个性差异，采取个性化的教育方式和管理策略。例如，对于学习成绩优秀的学生，可以提供更多的科研机会和学术挑战；对于有特长的学生，可以鼓励他们参加相关的社团活动和竞赛；对于学习困难的学生，则要给予更多的关心和帮助，制订个性化的学习计划，帮助他们克服困难。通过个性化的教育管理，激发学生的潜能，促进他们的个性发展。

4. 引导性

高校学生教育管理不是简单的命令和控制，而是以引导为主。教育管理者通过启发、鼓励和示范等方式，引导学生树立正确的目标，培养良好的行为习惯和自主学习能力。例如，辅导员可以通过与学生的谈心交流，了解他们的困惑和需求，为他们提供合理的建议和指导；教师在课堂教学中，可以通过案例分析、小组讨论等教学方法，引导学生积极思考，培养创新思维和解决问题的能力。

5. 服务性

高校学生教育管理的本质是为学生服务，为学生的成长和发展创造良好的条件。教育管理者要树立服务意识，关心学生的学习和生活，及时解决学生遇到的问题和困难。例如，学校的后勤部门要为学生提供舒适的住宿和饮食环境；图书馆要为学生提供丰富的图书资源和良好的阅读环境；心理咨询中心要为学生提供心理健康咨询和辅导服务。通过优质的服务，增强学生对学校的认同感和归属感，提高教育管理的效果。

6. 开放性

随着社会的发展和科技的进步，高校学生教育管理越来越呈现出开放性的特点。一方面，高校与社会的联系日益紧密，学生教育管理需要引入社会资源，开展校企合作、社会实践等活动，让学生更好地了解社会需求，提高适应社会的能力。另一方面，高校之间也加强了交流与合作，相互借鉴教育管理经验，共享教育资源。除此之外，利用互联网技术，开展在线教育、远程管理等活动，也拓展了学生教育管理的空间和渠道。

三、高校学生教育管理特点的实例分析

为了更深入地理解高校学生教育管理的特点，以下将通过具体实例进行分析：

1. 综合性特点实例

以某综合性大学为例，该校在学生教育管理方面采取了全方位的举措。在思想政治教育方面，开设了多门思想政治理论课程，并组织学生参观爱国主义教育基地、开展志愿者服务活动等，培养学生的社会责任感和爱国情怀。在学业指导方面，为每个专业配备了学业导师，定期与学生进行交流，解答学习中的困惑，指导学生制订学习计划和职业规划。与此同时，学校还建立了完善的心理健康教育体系，设有心理咨询中心，为学生提供心理咨询和辅导服务。除此之外，学校还注重学生的身体素质培养，开展丰富多彩的体育活动和竞赛，鼓励学生积极参与。通过这些综合性的教育管理措施，学生在德、智、体、美等方面得到了全面发展。

2. 阶段性特点实例

一所理工科高校在学生不同阶段的教育管理上有明确的侧重点。新生入学时，学校会组织为期一周的入学教育，包括校史校情介绍、专业导论、安全教育等，帮助新生尽快适应大学生活。在大一和大二阶段，注重基础课程的学习和学科竞赛的组织，培养学生的专业兴趣和创新能力。到了大三，加强专业课程的教学和实践环节，安排学生到企业实习，提高学生的实践动手能力。在大四阶段，重点开展就业指导和毕业设计工作，组织招聘会、举办就业讲座，帮助学生顺利就业。这种分阶段的教育管理方式，使学生在每个阶段都能得到有针对性的指导和帮助，有效地促进了学生的成长和发展。

3. 个性化特点实例

某艺术院校在学生教育管理中充分尊重学生的个性差异。对于有绘画特长的学生，

学校为他们提供专门的画室和创作空间，并安排专业教师进行指导，鼓励他们参加各类美术展览和比赛。对于音乐表演专业的学生，学校组织各种音乐会和演出活动，为他们提供展示才华的舞台。对于一些在学术研究方面有潜力的学生，学校提供科研项目资助和学术交流机会，支持他们深入开展研究。这种个性化的教育管理方式，使学生能够充分发挥自己的特长和优势，取得了良好的教育效果。

4. 引导性特点实例

在一所师范院校，辅导员在学生教育管理中注重引导学生自主发展。例如，有一位学生对教育教学很感兴趣，但缺乏自信和实践经验。辅导员了解情况后，鼓励他参加学校组织的教学技能大赛，并帮助他制订训练计划，指导他进行教学设计和模拟授课。在辅导员的引导和鼓励下，这位学生逐渐克服了困难，在比赛中取得了优异的成绩，增强了自信心，也明确了自己未来的职业发展方向。通过这样的引导式教育管理，学生能够主动探索、积极进取，实现自我成长和发展。

5. 服务性特点实例

某高校为了更好地服务学生，在学生宿舍区设立了一站式服务中心，为学生提供住宿、餐饮、水电维修等方面的服务。学生遇到问题可以随时到服务中心咨询和办理相关事务，无须来回奔波。与此同时，学校还开通了网络服务平台，学生可以在线提交服务申请和反馈意见，提高了服务效率和质量。除此之外，学校图书馆延长了开放时间，增加了自习座位，并提供图书借阅预约服务，为学生的学习提供了便利。这些服务性的举措，让学生感受到了学校的关爱和支持，提高了学生的满意度。

6. 开放性特点实例

一所高校积极开展校企合作，与多家知名企业建立了实习基地和产学研合作项目。学生可以到企业实习，了解行业最新动态和企业需求，将所学知识应用于实践。与此同时，企业的专家和技术人员也会到学校授课和指导学生的实践活动，实现了学校教育与企业需求的无缝对接。除此之外，学校还利用互联网技术，建立了在线课程平台，引进国内外优质课程资源，供学生自主学习。通过这些开放性的教育管理举措，拓宽了学生的视野，提高了学生的综合素质和竞争力。

高校学生教育管理具有综合性、阶段性、个性化、引导性、服务性和开放性等特点。在实际工作中，教育管理者应充分认识这些特点，采取科学有效的教育管理策略和方法，为学生的成长和发展创造良好的环境，培养适应社会需求的高素质人才。

四、高校学生教育管理的独特性

高校学生教育管理是一个复杂而独特的领域，它不仅关乎学生的学术发展，更对其个人成长、适应社会和未来职业规划产生深远影响。

高校学生处于一个特殊的人生阶段，他们通常已经成年，但在心智和社会经验方面仍在不断成长和发展。这使得高校学生教育管理需要在尊重学生自主性的同时，提供适当的引导和规范。与中小学阶段不同，高校学生对于自我认知和未来规划有了更强烈的需求。他们开始思考自己的兴趣、优势和职业方向，教育管理工作者需要为他们提供相关的资源和指导，帮助他们进行探索和决策。

高校学生的学习方式也具有独特性。不再是单纯的知识传授和记忆，而是更强调自主学习、研究性学习和创新能力的培养。这就要求教育管理工作者在课程设置、教学方法和学习资源的提供上进行精心策划和组织。例如，设置多样化的选修课程，鼓励学生跨学科学习；提供丰富的图书馆资源、实验室设备和学术交流机会，以激发学生的学术兴趣和创新思维。

高校学生来自不同的地域、家庭背景和文化环境，这使得学生群体更加多元化。这种多元化既带来了丰富的思想交流和文化碰撞，也给教育管理带来了挑战。教育管理者需要营造一个包容、平等和尊重多样性的校园环境，促进学生之间的相互理解和合作。比如，组织各种文化交流活动、社团活动，让学生有机会展示和分享自己的文化特色，增强彼此的认同感和归属感。

在心理和情感方面，高校学生面临着更多的压力和挑战。学业竞争、人际关系、未来就业等问题都可能给他们带来焦虑和困惑。因此，高校的心理健康教育和辅导工作显得尤为重要。教育管理者需要建立完善的心理健康服务体系，提供心理咨询、心理讲座和心理支持小组等服务，帮助学生应对各种心理问题，培养积极乐观的心态和良好的心理调适能力。

高校学生教育管理还需要注重学生的社会责任感和公民意识的培养。作为未来社会的中坚力量，高校学生应当具备关心社会、服务社会的意识和能力。通过组织社会实践活动、志愿服务项目和社区参与活动，让学生在实践中了解社会问题，培养解决问题的能力和社会责任感。

以某高校为例，该校注重学生的个性化发展，为每个学生制定了专属的学业规划。在新生入学时，通过心理测试和职业兴趣测评，了解学生的特点和需求，然后为他们安排导师进行一对一的指导。导师会根据学生的情况，帮助他们选择课程、制订学习计划，并在学习过程中给予及时的反馈和建议。除此之外，该校还积极开展国际交流项目，鼓励学生到国外高校交流学习，拓宽国际视野。与此同时，学校也注重培养学生的创新能力，设立了创新创业基金，支持学生开展科研项目和创业实践。这些举措都充分体现了高校学生教育管理的独特性，为学生的全面发展提供了有力的支持。

高校学生教育管理的独特性体现在学生的身心发展特点、学习方式、群体多元化、心理情感需求以及社会责任培养等多个方面。教育管理者需要充分认识这些特点，采取针对性的管理策略和方法，为学生创造一个良好的学习和成长环境，促进他们的全面发展和成才。

五、与其他教育阶段管理的区别

教育是一个连续的过程，涵盖了从学前教育到高等教育的各个阶段。每个阶段都有其独特的特点和需求，因此教育管理也存在显著的差异。高校学生教育管理与其他教育阶段（如中小学教育）的管理相比，在多个方面表现出明显的区别。

从管理对象的角度来看，中小学学生通常处于未成年人阶段，他们在心智发展、自我管理能力和社会认知方面相对不成熟。教育管理者需要更多地关注学生的行为规范、纪律遵守和基础知识的传授。而高校学生已经成年，具备了一定的自主意识和自我管理能力，教育管理更侧重于引导学生进行自我规划、自主学习和独立思考。

在教育目标方面，中小学教育的主要目标是为学生打下坚实的知识基础，培养基本的学习技能和良好的学习习惯，为后续的学习和发展做好准备。课程设置通常较为固定，强调学科知识的系统性和连贯性。而高校教育则更注重培养学生的专业素养、创新能力和综合应用知识的能力。课程设置更加灵活多样，包括必修课、选修课、实践课程和研究项目等，以满足学生个性化发展和职业规划的需求。

教学方法上的差异也十分显著。中小学教学多采用讲授式、示范式的方法，教师在教学过程中占据主导地位，学生主要是被动接受知识。而高校教学则更强调启发式、探究式和讨论式的教学方法，鼓励学生积极参与课堂讨论、自主研究和团队合作，培养学生的批判性思维和解决问题的能力。

评价方式也是不同的。中小学教育通常以考试成绩为主要评价依据，评价标准相对统一。而高校教育的评价方式更加多元化，除了考试成绩外，还包括课程作业、实验报告、论文、项目展示、课堂参与等。评价的重点不仅在于学生对知识的掌握程度，更在于学生的创新思维、实践能力和综合素质的表现。

在学生管理的侧重点上，中小学教育管理更注重班级管理和日常行为规范的养成，如考勤管理、校服穿着、课间纪律等。而高校学生管理则更关注学生的学业规划、职业指导、心理健康和社团活动等方面。高校通常为学生提供更多的自主空间和选择机会，让学生在相对宽松的环境中发展自己的兴趣和特长。

例如，在一所中学里，老师会密切监督学生的日常行为，包括课间休息时的活动、午餐时的秩序等。每天都会有固定的作业布置和检查，并且定期进行考试来评估学生的学习进度。而在一所大学里，学生可以根据自己的兴趣选择不同的课程和专业方向。学校会提供职业咨询服务，帮助学生规划未来的职业道路。与此同时，学生可以自由组织和参加各种社团活动。

教育资源的配置也有所不同。中小学教育资源的分配主要侧重于基础教育设施的建设和师资力量的均衡配置，以确保每个孩子都能接受公平的教育。而高校则需要投入大量资源用于科研设施、实验室建设、图书馆资源更新以及高水平教师的引进和培养，以提升学校的学术水平和科研实力。

高校学生教育管理与中小学等其他教育阶段的管理，在管理对象、教育目标、教学方法、评价方式、管理侧重点和教育资源配置等方面存在明显的区别。了解这些区别有助于教育管理者根据不同阶段的特点和需求，采取更加科学有效的管理策略，为学生提供优质的教育服务，促进他们的全面发展。

六、高校学生教育管理的综合性

高校学生教育管理是一项综合性的工作，涉及多个方面的内容和要素，需要综合运用多种管理手段和方法，以实现学生的全面发展和学校教育目标的达成。

从教育管理的目标来看，它不仅要关注学生的学术成绩和专业知识的掌握，还要注重培养学生的综合素质，包括思想道德品质、社会责任感、创新精神、实践能力、团队协作能力等。这就要求教育管理者在制定管理策略和措施时，要充分考虑到学生发展的各个方面，不能仅仅局限于学业成绩的提升。

在课程设置方面，高校学生教育管理的综合性体现在跨学科课程的融合和实践教学环节的加强。跨学科课程能够打破传统学科的界限，让学生从不同的角度思考问题，培养他们的综合思维能力。实践教学则为学生提供了将理论知识应用于实际的机会，有助于提高学生的动手能力和解决实际问题的能力。例如，一些高校开设了"创新创业实践"课程，要求学生组成团队完成一个创新项目，从项目策划、市场调研到产品开发和推广，全程参与，锻炼了学生的综合能力。

师资队伍的建设也是体现高校学生教育管理综合性的重要方面。教师不仅要有扎实的专业知识，还需要具备良好的教育教学方法和沟通能力，能够引导学生进行自主学习和探究。除此之外，教师还应关注学生的思想动态和心理健康，为学生提供全方位的指导和帮助。为了提高教师的综合素质，高校应定期组织教师参加培训和学术交流活动，鼓励教师开展教学研究和改革，不断提升教育教学质量。

学生管理工作同样需要综合考虑各种因素。包括学生的日常行为规范管理、心理健康辅导、职业规划指导等。例如，在学生日常行为规范管理中，既要制定明确的规章制度，又要通过教育引导的方式，让学生自觉遵守；在心理健康辅导方面，不仅要建立心理咨询中心，为学生提供心理咨询服务，还要开展心理健康教育课程和活动，普及心理健康知识，提高学生的心理素质。

校园文化建设也是高校学生教育管理综合性的重要体现。积极向上、丰富多彩的校园文化能够潜移默化地影响学生的思想和行为，培养学生的集体荣誉感和团队精神。通过举办各类文化活动、学术讲座、体育竞赛等，营造浓厚的学术氛围和文化氛围，为学生的成长提供良好的环境。

除此之外，高校学生教育管理还需要与社会各界建立广泛的联系和合作。与企业合作开展实习实训项目，为学生提供实践机会和就业渠道；与政府部门合作开展社会服务活动，培养学生的社会责任感；与其他高校进行交流与合作，共享教育资源，促进共同发展。

以某综合性大学为例，该校在学生教育管理方面采取了一系列综合性的措施。在课程设置上，推行大类招生和培养，让学生在低年级时广泛学习基础课程，然后根据自己的兴趣和特长选择专业方向。与此同时，加强实践教学环节，与多家知名企业合作建立了实习基地，为学生提供丰富的实习机会。在师资队伍建设方面，引进了一批具有海外留学背景和丰富实践经验的教师，并鼓励教师开展跨学科研究和教学。在学生管理方面，建立了完善的工作体系，包括辅导员、班主任、学业导师等，为学生提供全方位的指导和服务。在校园文化建设方面，打造了具有特色的文化品牌活动，如"科技文化节""社团风采展"等，丰富了学生的课余生活。通过这些综合性的举措，该校培养了一大批综合素质高、创新能力强的优秀毕业生。

高校学生教育管理的综合性是其显著特点之一。只有综合考虑教育管理的各个方面，形成协同育人的合力，才能更好地促进学生的全面发展，为社会培养出更多高素质的人才。

第二节　高校学生教育管理的发展历程

一、早期高校学生教育管理的形态

早期高校的学生教育管理形态深受当时社会、文化和教育理念的影响。在古代文明中，一些高等学府的雏形已经出现，尽管它们与现代意义上的高校存在诸多差异，但仍能从中窥探到早期学生教育管理的一些特征。

在古希腊，柏拉图创办的学园是当时高等教育的重要代表。学园中的学生教育管理相对较为宽松，注重师生之间的对话和思辨。学生们在自由的学术氛围中，与教师共同探讨哲学、数学等知识。这种管理形态并非完全无序，而是建立在对知识的尊崇和对智慧追求的共识之上。学生们需要遵守一定的学术规范和道德准则，例如尊重师长、诚实守信等。

在中国古代，太学等高等学府也有着独特的学生教育管理方式。学生的选拔通常基于严格的考试制度，只有成绩优异、品德高尚者方能入学。入学后，学生们受到儒家思想的深刻影响，强调修身、齐家、治国、平天下的理念。教育管理注重礼仪规范、道德修养的培养，学生们需遵循严格的作息和学习制度。与此同时，师长对学生的言传身教也起着重要作用，通过榜样的力量引导学生成长。

早期高校学生教育管理的另一个重要特点是与宗教的紧密联系。在欧洲中世纪，大学多由教会创办或控制，宗教教义在学生的教育和管理中占据主导地位。学生不仅要学习宗教经典，还要遵守宗教的戒律和规范。宗教的权威在一定程度上保障了教育管理的秩序，但也在一定程度上限制了学术的自由和创新。

除此之外，早期高校的规模相对较小，学生群体相对单一，教育资源也较为有限。这使得学生教育管理更多地依赖于个别教师的个人魅力和经验。教师往往既是知识的传授者，又是学生行为的监督者和引导者。在这种情况下，师生关系密切，教育管理具有较强的个性化特征。

早期高校学生教育管理也存在一些不足之处。由于缺乏系统的管理理论和方法，管理的效果往往取决于教师的个人素质和经验，具有较大的不确定性。与此同时，严格的等级制度和传统观念也在一定程度上限制了学生的个性发展和创新思维。

总的来说，早期高校学生教育管理形态虽然简单、粗糙，但为后来的发展奠定了基础。它在传承知识、培养人才的过程中，逐渐积累了经验，为近代高校学生教育管理的变革提供了土壤。

二、近代高校学生教育管理的变革

近代以来，随着社会的变革和科学技术的发展，高校学生教育管理发生了深刻的变化。工业革命的兴起推动了社会经济的快速发展，对高等教育提出了新的需求，也为高校学生教育管理的变革创造了条件。

在教育理念方面，人文主义和理性主义逐渐兴起，强调人的价值和理性思考的能力。这一理念的转变促使高校更加注重培养学生的独立思考能力和创新精神，不再仅仅满足于知识的传授。在学生教育管理中，也开始尊重学生的个性和兴趣，鼓励学生自主探索和发展。

课程设置上出现了重大变革。传统的以神学、古典文学为主的课程逐渐被科学、技术、工程等实用学科所取代。新的课程体系要求学生具备更强的自主学习能力和实践能力，这也对学生教育管理提出了新的挑战。为了适应这一变化，高校开始建立更加完善的选课制度和学业指导体系，帮助学生合理规划课程，提高学习效率。

学生管理体制也发生了显著变化。随着高校规模的不断扩大，学生数量增多，传统的依靠个别教师进行管理的方式已经无法满足需求。于是，专门的学生管理机构和管理人员应运而生。这些机构和人员负责制定学生管理规章制度、处理学生事务、组织学生活动等，使得学生教育管理更加规范化和专业化。

与此同时，学生组织在近代高校中逐渐兴起。学生会、社团等组织为学生提供了自我管理和自我服务的平台，培养了学生的组织能力和团队合作精神。这些学生组织在学校的管理和决策过程中也发挥了一定的作用，促进了学校管理的民主化。

在教育管理方法上，科学管理的思想开始引入高校。通过对学生学习和生活的各个环节进行量化分析和标准化管理，提高了管理的效率和质量。但这种方法也存在一定的弊端，过于强调标准化和统一性，在一定程度上忽视了学生的个性差异。

除此之外，近代高校学生教育管理的变革还受到社会思潮的影响。例如，民主、平等的观念促使高校更加关注学生的权利和需求，努力营造公平、公正的教育环境。

近代高校学生教育管理的变革是多方面的，是社会发展和教育进步的必然结果。这些变革在提高教育质量、培养适应社会需求的人才方面发挥了重要作用，但也带来了一些新的问题和挑战，需要在后续的发展中不断改进和完善。

三、现代高校学生教育管理的演进

进入现代社会，高校学生教育管理在继承和发展以往经验的基础上，不断适应社会变革和高等教育大众化、国际化的趋势，经历了持续的演进和创新。

（一）教育管理理念更加注重以学生为本

现代高校充分认识到学生是教育的主体，一切教育管理活动都应围绕学生的发展需求展开。这意味着不仅要关注学生的学业成绩，更要关注其身心健康、职业规划、社会责任感等全方位的发展。例如，许多高校设立了学生发展中心，为学生提供个性化的咨询和辅导服务，帮助他们解决在学习、生活、情感等方面遇到的问题。

（二）信息化技术的广泛应用极大地改变了教育管理的方式和手段

随着互联网、大数据、人工智能等技术的发展，高校建立了数字化的学生管理系统，实现了学生信息的集中管理、快速查询和精准分析。通过在线课程平台、学习管理系统，学生可以自主选择学习内容和时间，教师能够更有效地跟踪掌握学生的学习进度和效果。与此同时，社交媒体也成了高校与学生沟通交流的重要渠道，及时了解学生的思想动态和需求。

（三）多元化和包容性成为现代高校学生教育管理的重要特征

随着社会的发展，高校学生的构成日益多样化，包括不同种族、民族、文化背景、性别、年龄的学生。为了满足他们的不同需求，高校在课程设置、教学方法、学生服务等方面更加注重多元化和包容性。例如，开设多元文化课程，组织各种文化交流活动，营造包容和谐的校园文化氛围。

（四）国际交流与合作的加强推动了高校学生教育管理的国际化

越来越多的高校开展国际合作办学项目，学生有更多机会参与国际交流和留学活动。这就要求高校在学生教育管理方面与国际接轨，遵循国际教育标准和规范，培养具有国际视野和竞争力的人才。例如，建立国际化的课程体系，提供外语培训和跨文化交流培训，帮助学生适应国际教育环境。

与此同时，强调协同育人成为现代高校学生教育管理的新趋势。高校不再仅仅依靠自身的力量进行学生教育管理，而是积极与家庭、社会合作，形成教育合力。通过与家长的密切沟通、与企业的合作实习项目等方式，为学生提供更丰富的教育资源和更广阔的发展空间。

现代高校学生教育管理也面临着一些挑战。如信息安全问题、学生心理问题日益突出、教育公平性有待进一步提高等。面对这些挑战，高校需要不断探索创新，完善教育管理机制，提高教育管理水平，以更好地促进学生的成长和发展。

现代高校学生教育管理在理念、手段、内容等方面不断演进和创新，以适应时代的发展和学生的需求。但在发展过程中也需要不断应对新的问题和挑战，持续推动高校学生教育管理向更高水平迈进。

四、我国高校教育管理的发展阶段

我国高校教育管理的发展是一个动态的、不断演进的过程，它伴随着社会的变革、经济的发展以及教育理念的更新而不断变化。大致可以分为以下几个重要的发展阶段：

1. 中华人民共和国成立初期至改革开放前

中华人民共和国成立之初，我国的高等教育面临着百废待兴的局面。此时的高校教育管理主要借鉴苏联的模式，强调高度集中的计划管理体制。国家对高校的专业设置、招生计划、教学内容、师资配备等进行统一规划和安排。这在一定程度上保障了高等教育的快速恢复和发展，为国家培养了大量急需的专业人才。

在这个阶段，高校的管理体制较为僵化，缺乏灵活性和自主性。教学内容注重理论知识的传授，实践教学相对薄弱。在当时的历史条件下，这种集中统一的管理模式为稳定高等教育秩序、培养社会主义建设者发挥了重要作用。

例如，当时的工科院校按照国家工业建设的需求设置专业，课程内容紧密围绕生产实践，培养了大批能够迅速投入到工业生产一线的技术人才。

2. 改革开放初期至20世纪90年代

改革开放的春风为我国高校教育管理带来了新的活力。这一时期，高校管理体制开始逐步改革，扩大了高校的办学自主权。高校在专业设置、招生规模等方面有了一定的自主决策权。与此同时，教学改革也在不断推进，注重培养学生的实践能力和创新精神。引入了一些国外先进的教育理念和教学方法，课程体系逐渐多样化。除此之外，高校开始加强与社会的联系，积极开展产学研合作，为经济社会发展服务。

在这个阶段，一些高校开始探索学分制、主辅修制等教学管理制度的改革，以满足学生个性化发展的需求。

3. 20世纪90年代至21世纪初

随着社会主义市场经济体制的不断完善，我国高校教育管理进入了一个快速发展的时期。高校大规模扩招，高等教育从精英化向大众化转变。这一阶段，高校的管理体制进一步深化改革，实行了党委领导下的校长负责制，明确了高校的法人地位。

在教学管理方面，更加注重质量保障体系的建设，开展教学评估工作，推动教学质量的提升。与此同时，高校的科研管理也得到了加强，鼓励教师开展科研创新，提高高校的科研水平。例如，一些高校通过建立科研基地、组建科研团队等方式，在一些重点领域取得了突破性的科研成果。

4. 21世纪初至今

进入21世纪，我国高校教育管理面临着新的机遇和挑战。随着全球化的发展和信息技术的普及，高校教育管理更加注重国际化和信息化。积极开展国际合作与交流，引进国外优质教育资源，提高我国高等教育的国际竞争力。

与此同时，利用信息技术手段，推进数字化校园建设，实现教学管理、科研管理、学生管理等方面的信息化。在人才培养方面，强调创新人才和应用型人才的培养，注重学生的综合素质和创新能力的提升。

除此之外，高校开始重视内部治理结构的完善，建立健全现代大学制度，加强民主管理，充分发挥教师、学生和社会各界在高校管理中的作用。

以某高校为例，通过与国外多所知名大学开展合作办学项目，引进国外先进的课程体系和教学方法，提高了人才培养的质量。与此同时，利用信息化平台，实现了学生选课、成绩查询、教学评价等工作的在线化，提高了管理效率和服务水平。

我国高校教育管理的发展经历了从计划经济时期的集中统一管理到市场经济时期的自主创新管理的转变。在这个过程中，不断适应社会发展的需求，推动了高等教育事业的蓬勃发展。未来，随着社会的不断进步和教育改革的深入推进，我国高校教育管理将继续朝着科学化、民主化、国际化的方向发展，为实现中华民族伟大复兴的中国梦提供强有力的人才支撑和智力支持。

五、国际高校教育管理的历史与对比

高校教育管理在不同国家和地区有着各自独特的发展历程和特点，通过对国际高校教育管理的历史进行对比，可以更好地理解和借鉴其经验，促进全球高等教育的发展。

（一）国际高校教育管理的历史

1. 欧洲高校教育管理的历史

欧洲是现代大学的发源地之一，其高校教育管理有着悠久的历史。中世纪时期，欧洲的大学如博洛尼亚大学、巴黎大学等就已经出现。这些早期的大学具有很强的自治权，由教师和学生共同管理。

在管理模式上，以教授治校为主，学术权力占据主导地位。随着时间的推移，国家对大学的干预逐渐增加。到了 19 世纪，德国的大学在洪堡理念的影响下，强调教学与科研相结合，建立了以讲座制为核心的管理体制。

在 20 世纪，欧洲的高校教育管理面临着新的挑战，如大众化、国际化和市场化。许多国家开始对高校进行改革，加强中央政府的统筹规划和质量监控，同时也注重保障高校的学术自由和自治权。

例如，英国的高校在保持传统自治的基础上，建立了高等教育质量保障署，对高校的教育质量进行评估和监督。

2. 美国高校教育管理的历史

美国的高校教育管理发展历程相对较短，但发展迅速且具有特色。早期的美国高校主要借鉴欧洲的模式，特别是英国的学院制。

19 世纪后期，美国开始形成自己独特的高校管理模式，如建立了董事会制度，实现了高校管理的决策权、行政权和学术权的分离。与此同时，美国高校注重多元化的资金来源，通过社会捐赠、企业合作等方式筹集办学经费。

20 世纪以来，美国高校在管理上更加注重市场机制的作用，强调高校的社会服务功能和竞争意识。例如，高校会根据市场需求调整专业设置和课程内容，以提高毕业生的就业竞争力。

3. 日本高校教育管理的历史

日本的现代高等教育始于明治维新时期，大量借鉴了西方特别是德国的经验。在二战后，又受到美国的影响，进行了一系列的改革。

日本的高校管理体制具有政府主导的特点，政府通过制定政策和法规对高校进行管理和调控。与此同时，日本高校也注重产学研合作，与企业建立紧密的联系。

在 21 世纪，日本为了提高高校的国际竞争力，推动了一系列的改革，如建立国立大学法人化制度，赋予高校更多的自主权。

（二）国际高校教育管理历史的对比与分析

从以上国际高校教育管理历史可以看出，不同国家在高校管理体制、权力分配、经费来源等方面存在着明显的差异。

在管理体制方面，欧洲国家的高校在历史上具有较高的自治权，但随着国家干预的增加，逐渐形成了政府与高校共同治理的模式；美国则通过董事会制度实现了权力的制衡和分工；日本则以政府主导为主。

在权力分配上，欧洲国家的学术权力相对较强，美国则在保障学术权力的同时，强调行政权力和市场机制的作用，日本的行政权力相对较为集中。

经费来源方面，欧洲国家的高校经费来源较为多样化，包括政府拨款、学费收入、社会捐赠等；美国高校的社会捐赠和企业合作在经费中占有重要比例；日本高校则主要依赖政府拨款。

尽管存在差异，但以上国家和地区的高校教育管理也有一些共同的趋势。例如，都越来越注重提高教育质量，加强国际交流与合作，适应社会经济发展的需求。

通过对国际高校教育管理历史的对比，我们可以发现每个国家都在根据自身的国情和发展需求，不断探索和创新高校教育管理模式。在全球化的背景下，各国之间相互学习和借鉴，将有助于推动全球高等教育的不断进步和发展。

第三节　高校学生教育管理的作用与价值

高校学生教育管理在高等教育体系中具有举足轻重的地位，其作用和价值不仅体现在对学生个人发展的促进上，也对高校的整体发展有着不可忽视的重要意义，并且通过多种具体形式得以展现。

一、对学生个人发展的促进作用

高校学生教育管理对学生个人发展的促进作用是多方面且深远的。它有助于学生树立正确的人生观、价值观和世界观。在大学阶段，学生正处于思想观念形成的关键时期，容易受到各种思潮和观念的影响。通过系统的思想政治教育、道德教育和法制教育，学生能够明辨是非，确立积极向上的人生目标和价值取向，为未来的发展奠定坚实的思想基础。

良好的教育管理能够培养学生的自律能力和自我管理能力。在相对宽松自由的大学环境中，学生需要学会合理安排时间、规划学习和生活。教育管理者通过制定规章制度、开展主题教育等方式，引导学生养成良好的行为习惯和学习习惯，提高自我约束和自我管理的能力。这种能力的培养不仅有助于学生在大学期间取得良好的学业成绩，更是他们未来步入社会、适应职场生活所必备的素质。

高校学生教育管理还为学生提供了丰富的发展机会和平台。例如，组织各类学科竞赛、创新创业活动、社会实践和志愿服务等，让学生在实践中锻炼自己的能力，拓宽视野，增长见识。通过参与这些活动，学生能够发现自己的兴趣和特长，培养创新思维和解决问题的能力，提高综合素质和竞争力。

除此之外，教育管理中的心理健康教育和辅导服务对学生的个人发展也至关重要。大学生面临着学习压力、人际关系、职业选择等诸多挑战，容易出现心理问题。高校通过设立心理咨询中心、开展心理健康教育课程和讲座等方式，为学生提供心理健康支持和帮助，引导他们正确应对压力和挫折，保持良好的心理状态，促进身心健康发展。

学生教育管理有助于培养学生的团队合作精神和人际交往能力。在大学期间，学生参与的各种社团组织、班级活动和小组项目，需要与他人合作完成任务。在这个过程中，学生学会倾听他人的意见，尊重差异，协调各方利益，从而提高团队合作能力和人际交往能力。这些能力对于学生未来在职场上与同事合作、建立良好的人际关系具有重要意义。

高校学生教育管理为学生的职业规划和就业提供指导和支持。教育管理者通过开展职业规划课程、举办就业讲座和招聘会等活动，帮助学生了解市场需求，明确自己的职业定位，掌握求职技巧，提高就业竞争力。这使得学生能够更加顺利地从校园过渡到职场，实现自己的人生价值。

二、对高校整体发展的重要价值

高校学生教育管理对高校自身的整体发展具有重要的推动作用。其一，它有助于营造良好的校园文化和学术氛围。一个秩序井然、充满活力、积极向上的校园环境能够激发学生的学习热情和创新精神，促进学术交流与合作。通过加强学生教育管理，规范学生的行为举止，开展丰富多彩的文化活动，能够塑造具有特色的校园文化，提升学校的文化品位和影响力。

有效的学生教育管理能够提高高校的教育教学质量。教育管理部门通过对教学过程的监督和评估，及时发现和解决教学中存在的问题，保障教学秩序的稳定。与此同时，通过对学生学习情况的跟踪和分析，为教师提供教学反馈，促进教学方法的改进和教学内容的优化，从而提高教学效果，培养出更多优秀的人才。

学生教育管理还能够增强高校的社会声誉和竞争力。一所高校的学生素质和教育质量是其社会声誉的重要体现。通过科学有效的教育管理，培养出具有良好品德、扎实专业知识和综合能力的学生，能够提升学校在社会上的知名度和美誉度，吸引更多优秀的学生报考，进而增强学校的竞争力。

除此之外，良好的学生教育管理有助于维护校园的安全稳定。高校是人员密集的场所，学生的安全和稳定是学校发展的前提。通过加强安全教育、完善安全管理制度、建立健全应急处置机制等措施，能够预防和减少各类安全事故的发生，为学校的正常教学和科研工作提供保障。

而且，学生教育管理能够促进高校内部管理体制的完善。学生工作涉及学校的多个部门，通过加强各部门之间的沟通与协作，形成协同育人的工作机制，能够提高学校管理的效率和水平，推动学校治理体系和治理能力现代化。

三、高校学生教育管理价值的具体体现

高校学生教育管理的价值通过诸多具体方面得以切实体现。在学生个体层面，许多学生在接受系统的教育管理后，在学业成绩上取得显著进步。例如，原本学习方法不当、成绩不理想的学生，在辅导员和教师的悉心指导下，掌握了有效的学习策略，成绩逐步提升，最终获得奖学金或顺利考取相关证书。

在综合素质方面，学生通过参与各类社团活动、志愿服务和实践项目，锻炼了组织能力、沟通能力和领导能力。一些学生从原本内向、不善表达变得自信大方，能够在公众场合清晰地表达自己的观点和想法。

就业情况也是教育管理价值的重要体现。经过职业规划指导和就业培训的学生，在求职过程中表现更加出色，能够更快地找到与自己专业和兴趣相匹配的工作。他们在职场上展现出的良好适应能力和职业素养，得到了用人单位的高度认可。

对于高校整体而言，优秀的毕业生质量和良好的社会声誉吸引了更多优质生源报考，学校的招生分数线逐年提高，生源质量不断优化。

在学术研究领域，学生教育管理有助于培养学生的科研兴趣和创新能力。一些学生在教师的指导下参与科研项目，发表学术论文，为学校的科研成果做出贡献。

与此同时，校园文化建设也是教育管理价值的体现之一。丰富多彩的文化活动丰富了学生的课余生活，增强了学生对学校的归属感和认同感。校园内形成的积极向上、团结友爱的氛围，有助于培养学生的良好品德和社会责任感。

除此之外，高校与社会各界的合作也因学生教育管理的成效而更加紧密。企业愿意与学校开展产学研合作，为学生提供实习和就业机会，学校也能够更好地服务社会，实现自身的社会价值。

高校学生教育管理的价值在学生个人成长、高校发展以及社会影响等多个层面都有具体而显著的体现，对于培养德智体美劳全面发展的社会主义建设者和接班人，推动高等教育事业的发展具有不可替代的重要作用。

四、高校学生教育管理对社会人才培养的贡献

高校作为培养社会各类人才的重要基地，其学生管理工作在人才培养过程中发挥着至关重要的作用。高校学生教育管理不仅关乎学生个体的成长与发展，更对社会人才的培养有着深远的贡献。

高校学生教育管理为社会培养具有良好道德品质和社会责任感的人才奠定了基础。在学生教育管理过程中，通过思想政治教育、品德修养课程以及日常行为规范的引导，培养学生正确的价值观、道德观和社会责任感。例如，组织学生参与志愿者服务活动、

社会实践调研等,让学生在实践中了解社会需求,增强社会意识和服务意识。良好道德品质和社会责任感的培养,使得毕业生在步入社会后能够积极履行公民义务,为社会的和谐发展贡献力量。

高校学生教育管理有助于提升学生的综合素质和能力,满足社会对多元化人才的需求。在管理中,通过开展丰富多彩的课外活动、社团组织、学术竞赛等,锻炼学生的组织协调能力、沟通表达能力、团队合作能力和创新思维能力。比如,鼓励学生参与科技创新项目,培养其解决实际问题的能力和创新精神;组织学生参加文体比赛,提高其竞争意识和团队协作能力。这些综合素质的提升,使学生能够更好地适应社会的复杂环境和多样化的工作需求。

良好的高校学生教育管理能够促进学生的心理健康发展,为社会培养心态积极、抗压能力强的人才。高校学生面临着学业压力、就业竞争等诸多挑战,容易产生心理问题。学生教育管理工作中的心理健康教育、心理咨询服务以及心理危机干预机制,能够帮助学生正确应对压力,保持良好的心理状态。例如,开设心理健康课程,普及心理健康知识;设立心理咨询室,为学生提供个体咨询和辅导;建立心理危机预警系统,及时发现和处理学生的心理危机。心理健康的学生在进入社会后,能够以更加积极的心态面对工作和生活中的困难与挫折。

高校学生教育管理在培养学生的专业素养和职业能力方面发挥着重要作用,可以为社会输送具有扎实专业知识和实践能力的人才。通过严格的学业管理、教学质量监控、实习实训安排等,确保学生在专业领域内获得系统的知识和技能训练。比如,制定合理的培养方案,加强课程建设和教学改革;建立实习基地,为学生提供实践机会,让学生将理论知识与实际工作相结合。具备专业素养和职业能力的毕业生能够迅速适应工作岗位,为社会各行业的发展提供有力的人才支持。

高校学生教育管理还为社会培养具有终身学习意识和自主学习能力的人才创造了条件。在管理中,引导学生树立正确的学习态度,掌握科学的学习方法,培养其自主学习和自我管理的能力。例如,提供丰富的学习资源和学习平台,鼓励学生自主探索和研究;开展学习指导讲座和培训,帮助学生提高学习效率。具有终身学习意识和自主学习能力的人才,能够在快速变化的社会环境中不断更新知识和技能,适应社会发展的新要求。

以医学专业为例,高校学生教育管理不仅注重学生的医学专业知识的学习,还通过临床实习管理、职业道德教育等方式,培养学生的临床实践能力和救死扶伤的职业精神。毕业生进入医疗机构后,能够凭借扎实的专业技能和高尚的医德,为患者提供优质的医疗服务,促进医疗卫生事业的发展。

再如,在工科领域,高校学生教育管理通过组织学生参与工程项目实践、创新创业活动等,培养学生的工程实践能力和创新能力。毕业后,他们能够在工业生产、科技创新等领域发挥重要作用,推动技术进步和产业升级。

高校学生教育管理通过多方面的工作和举措,为社会培养了大量德才兼备、综合素质高、专业能力强、具有良好心态和学习能力的人才。这些人才在社会的各个领域发光发热，为社会的进步和发展做出了重要贡献。未来，随着社会的不断发展和变革，高校学生管理应不断创新和完善，以更好地适应社会对人才的新需求，为社会培养更多优秀的人才。

五、高校学生教育管理对高校自身发展的重要性

高校学生教育管理工作是高校整体运行和发展中不可或缺的重要组成部分，对高校自身发展具有多方面的重要意义。

良好的学生教育管理有助于维护高校的正常教学秩序和校园稳定。高校是一个复杂的教育生态系统，学生数量众多，活动多样。有效的学生教育管理能够规范学生的行为，保障教学活动的顺利进行。例如，通过制定并执行合理的作息制度、课堂纪律和考试规则，能够确保学生按时上课、认真听讲、诚信考试，营造良好的学习氛围。与此同时，加强校园安全管理，包括宿舍安全、食品安全、网络安全等方面的工作，能够预防和处理各类安全事故，为师生创造一个安全稳定的校园环境。

高校学生教育管理能够提升学校的教育教学质量。在学生教育管理过程中，关注学生的学习需求和学习状况，提供及时的学业指导和帮助。例如，建立学业预警机制，对学习困难的学生进行早期干预和辅导；组织学习交流活动，促进学生之间的学习经验分享；鼓励学生参与教学评价，反馈教学中的问题并提出建议，从而推动教师改进教学方法和优化教学内容。这些措施有助于提高学生的学习积极性和学习效果，进而提升学校整体的教育教学水平。

优秀的学生教育管理能够增强高校的美誉度和竞争力。在高等教育市场竞争日益激烈的今天，高校的声誉对于吸引优质生源、优秀教师和社会资源至关重要。一所管理规范、学生综合素质高的高校往往能够获得社会的认可和好评。良好的学生教育管理可以培养出具有优秀品质和专业能力的毕业生，他们在社会上的出色表现会为母校增光添彩，提升学校的知名度和美誉度。与此同时，良好的声誉也有利于高校吸引更多的优秀师资和合作资源，促进学校的进一步发展。

高校学生教育管理有助于促进校园文化的建设和传承。校园文化是高校的灵魂和特色所在，对学生的成长和学校的发展具有深远影响。通过学生管理工作，可以组织丰富多彩的文化活动、社团活动、体育竞赛等，营造积极向上、充满活力的校园文化氛围。例如，举办文化节、科技节、艺术展等活动，展示学生的才艺和创新成果；支持学生社团的健康发展，让学生在社团活动中锻炼能力、拓展兴趣。独特而丰富的校园文化能够增强学生对学校的认同感和归属感，传承学校的优良传统和价值观。

学生教育管理工作还能够加强高校与社会的联系与合作。通过组织学生参与社会实践、实习实训、产学研合作等活动，使高校更好地了解社会需求，调整人才培养方案和学科专业设置，提高人才培养的针对性和适应性。与此同时，与社会各界的合作也能够为学校带来更多的资源和发展机会，促进学校的科研创新和成果转化。

高校通过加强学生教育管理，改善校园环境，提高服务质量，提升了学生的满意度和就业质量。学校的知名度逐渐提高，吸引了更多本地企业的合作，为学校的发展

注入了新的活力。

高校学生教育管理对高校自身的发展具有不可忽视的重要性。它不仅能够维护教学秩序和校园稳定，提高教育教学质量，增强学校的声誉和竞争力，促进校园文化建设，还能加强学校与社会的联系。因此，高校应高度重视学生教育管理工作，不断创新管理理念和方法，以适应新时代的发展和学生的需求，推动高校的持续健康发展。

第四节　当前高校学生教育管理面临的问题与挑战

一、学生个体差异带来的管理难题

在当前的高校教育环境中，学生个体差异所带来的管理难题日益凸显。随着高等教育的普及和招生规模的不断扩大，学生群体的多样性和复杂性达到了前所未有的程度。

学生的家庭背景、成长经历、性格特点、学习能力等方面存在着显著的差异。来自不同地区、不同家庭经济状况的学生，在生活习惯、消费观念和价值取向等方面可能大相径庭。例如，来自经济发达地区的学生可能在成长过程中接触到更多的优质教育资源和丰富的课外活动，相对具备较强的综合素质和创新能力；而来自经济欠发达地区的学生可能在这些方面相对薄弱，但他们可能具有更坚忍的意志和吃苦耐劳的精神。

在学习能力方面，学生的差异也十分明显。有的学生学习基础扎实，理解和接受新知识的速度快，能够轻松应对各种学业挑战；而有的学生可能在学习上存在困难，需要更多的辅导和支持。除此之外，学生的学习动机和兴趣也各不相同。有的学生对专业知识充满热情，积极主动地参与学术研究和实践活动；而有的学生可能对所学专业部分学科缺乏兴趣，学习动力不足，容易出现逃课、挂科等问题。

性格特点的差异也给教育管理带来了挑战。有些学生性格开朗、善于沟通，能够积极融入集体生活；而有些学生性格内向、孤僻，在人际交往中存在一些障碍，容易产生心理问题。不同性格的学生对教育管理方式的接受程度也不同，一刀切的管理方式会导致部分学生产生抵触情绪。

学生个体差异还体现在职业规划和未来发展目标上。有的学生目标明确，立志考研深造或进入知名企业工作，为此他们会努力学习，积极参加各种培训和实习活动；而有的学生可能对未来感到迷茫，没有明确的职业规划，在学习和生活中缺乏方向和动力。

面对如此多样化的学生个体差异，传统的教育管理模式显得捉襟见肘。教育管理者难以采用统一的标准和方法来满足每个学生的需求。如果对学生个体差异关注不够，可能会导致教育不公平，影响学生的学习积极性和身心健康发展。因此，如何在尊重学生个体差异的基础上，制定灵活多样、个性化的教育管理策略，成为当前高校学生教育管理面临的重要难题。

二、社会环境变化带来的新挑战

当前，高校学生教育管理面临着社会环境快速变化所带来的一系列新挑战。

（一）信息技术的迅猛发展深刻改变了学生的学习和生活方式

互联网、智能手机和社交媒体的普及让学生获取信息变得更加便捷，但同时也带来了信息过载和沉迷网络的问题。学生容易受到网络上各种不良信息的影响，如虚假新闻、低俗内容和网络暴力等，这对他们的价值观和道德观形成造成了冲击。除此之外，过度依赖网络还可能导致学生学习注意力不集中、社交能力下降等问题。

（二）社会价值观的多元化给高校学生教育管理带来了挑战

当前个人主义、功利主义等价值观在一定程度上影响了学生的思想和行为。一些学生过于追求个人利益和短期回报，忽视了社会责任和集体利益。在这种情况下，如何引导学生树立正确的价值观，培养他们的社会责任感和奉献精神，成为教育管理工作的重要任务。

（三）社会竞争的日益激烈给学生带来了巨大的压力

就业市场的不确定性、职业发展的高要求以及升学竞争的加剧，使得学生在学习和生活中感到焦虑和不安。这种压力可能导致学生出现心理问题，如抑郁、焦虑症等，需要高校加强心理健康教育和辅导，帮助学生应对压力，保持良好的心理状态。

（四）社会的快速变革对学生的创新能力和适应能力提出了更高的要求

传统的教育管理模式注重知识的传授和技能的培养，而对学生创新思维和适应变化能力的培养相对不足。在这种情况下，高校需要不断改革教育教学方法，培养学生的实践能力和创新精神，使他们能够更好地适应社会的发展变化。

（五）社会对人才的综合素质要求越来越高

除了专业知识和技能外，沟通能力、团队协作能力、领导力等软技能也成为衡量人才的重要标准。当前高校的教育管理在培养学生这些综合素质方面还存在一定的不足，需要进一步加强和改进。

社会环境的变化给高校学生教育管理带来了诸多新的挑战，要求教育管理者不断更新观念，创新方法，以适应时代发展的需求。

三、高校内部体制对学生教育管理的限制

高校内部体制在一定程度上对学生教育管理工作形成了限制，影响了学生教育管

理工作的效果和质量。

（一）行政化的管理模式在高校中较为普遍

行政权力在资源分配、决策制定等方面占据主导地位，可能导致教育管理工作过于注重行政指令的执行，而忽视了学生的实际需求和教育规律。例如，在课程设置和教学安排上，可能更多地考虑行政上的便利性和统一性，而缺乏对学生个性化学习需求的充分考虑。这种行政化倾向可能使得教育管理缺乏灵活性和创新性，难以适应学生多样化的发展需求。

（二）部门之间的条块分割制约了学生教育管理的协同效应

学生教育管理涉及多个部门，如学工处、教务处、后勤处等，但各部门之间往往缺乏有效的沟通与协作机制。这容易导致工作衔接不畅、责任不清，出现问题时相互推诿。例如，学生的心理健康问题可能需要学工处、心理咨询中心和教学部门共同协作解决，但由于部门之间协调不够，可能无法及时有效地为学生提供帮助。

（三）评价机制的不完善对学生教育管理产生了不利影响

目前，高校对学生教育管理工作的评价往往侧重于量化指标，如学生的出勤率、违纪率、就业率等，而对教育管理的质量和效果缺乏全面、深入的评估。这种评价方式可能导致教育管理者过于追求表面的数据，而忽视了学生的综合素质培养和个性化发展。

（四）师资队伍建设的不足限制了学生教育管理水平的提高

部分辅导员和班主任缺乏专业的教育管理知识和技能培训，工作经验不足，难以有效地开展学生思想政治教育和日常管理工作。与此同时，教师的教学任务繁重，可能没有足够的时间和精力投入到学生教育管理中。

（五）经费投入的不足在一定程度上制约了学生教育管理工作的开展

例如，用于学生心理健康辅导、职业规划指导、创新创业教育等方面的经费有限，导致相关工作无法深入开展，影响了学生教育管理的效果。

高校内部体制中的行政化倾向、部门分割、评价机制不完善、师资队伍建设不足和经费投入有限等问题，对学生教育管理工作造成了诸多限制。要解决这些问题，需要高校深化体制改革，完善管理机制，为学生教育管理工作创造更加有利的条件。

四、新技术应用为高校带来的管理挑战

随着科技的迅猛发展，大数据、人工智能、物联网等新技术在高校管理中得到了广泛应用，为高校的发展带来了诸多机遇，但同时也带来了一系列严峻的管理挑战。

（一）数据安全与隐私保护问题

大数据技术的应用使得高校能够收集、存储和分析海量的学生和教职工数据，包括个人信息、学习成绩、消费记录等。这也引发了严重的数据安全和隐私保护问题。一旦这些数据遭到泄露、篡改或滥用，将对个人权益造成巨大损害。例如，黑客攻击可能导致学生的家庭住址、身份证号码等敏感信息被窃取，用于非法活动。除此之外，高校内部人员的不当操作或疏忽也可能导致数据泄露。为了应对这一挑战，高校需要加强网络安全防护体系建设，采用先进的防范技术，制定严格的数据访问和管理制度，并对相关人员进行数据安全培训。

（二）技术更新换代带来的成本与技术鸿沟

新技术的快速更新换代要求高校不断投入大量资金用于硬件设施升级和软件系统更新。这对于一些资源有限的高校来说是一个沉重的负担。而且，不同部门和人员对新技术的接受和应用能力存在差异，可能会形成技术鸿沟。一些年龄较大的教师会对新技术感到陌生和难以适应，从而影响教学和管理工作的效率。例如，在引入在线教学平台时，部分教师可能无法熟练操作，导致教学效果不佳。为了缩小技术鸿沟，高校需要提供有针对性的培训和技术支持，鼓励教师之间的交流与合作，同时合理规划技术投资，确保资源的有效利用。

（三）人工智能在教育决策中的伦理问题

人工智能技术在高校管理中的应用，如学生成绩预测、课程安排优化等，虽然能够提高管理效率，但也可能引发伦理问题。例如，基于算法的决策可能存在偏见，对某些学生造成不公平的待遇。如果算法是基于不完整或有偏差的数据进行训练，可能会错误地预测学生的表现，从而影响其获得教育资源的份额。除此之外，过度依赖人工智能进行决策会削弱人的判断力和责任感。高校在应用人工智能时，需要建立健全的伦理审查机制，确保算法的公正性和透明度，同时要明确人类在决策中的主导地位。

（四）虚拟学习环境中的教学管理难题

随着在线教育和虚拟现实技术的发展，虚拟学习环境逐渐成为高校教学的重要组成部分。在这种环境中，教师难以直接观察学生的学习状态，学生之间的互动也受到一定限制，这给教学管理带来了困难。例如，如何确保学生在虚拟课堂中的参与度和注意力，如何评估学生在虚拟实践中的表现，都是亟待解决的问题。除此之外，虚拟学习环境中的技术故障也能影响教学的正常进行。为了提高虚拟学习环境中的教学管理水平，高校需要制定专门的教学规范和评估标准，加强技术维护和支持，同时培养教师的在线教学管理能力。

（五）物联网技术应用中的兼容性与管理复杂性

物联网技术在高校中的应用，如智能校园卡系统、智能教室设备等，虽然提高了校园生活的便利性，但也带来了设备兼容性和管理复杂性的问题。不同厂家的物联网设备可能存在通信协议不兼容的情况，导致系统运行不稳定。而且，大量物联网设备的接入增加了网络管理的难度，需要高效的设备管理平台和专业的技术人员进行维护。例如，智能水电表系统出现故障时，可能会影响整个校园的能源管理。高校在引入物联网技术时，需要进行充分的前期规划和系统整合，建立统一的管理平台，提高设备的兼容性和可扩展性。

（六）新技术对师生关系和校园文化的影响

新技术的应用改变了师生之间的交流方式和互动模式，会对传统的师生关系产生冲击。例如，学生过度依赖在线交流工具，通常会减少面对面的沟通和情感交流。除此之外，新技术带来的快餐式学习和信息爆炸也可能影响校园文化的深度和内涵。为了维护良好的师生关系和健康的校园文化，高校需要引导师生正确使用新技术，注重人文关怀和情感交流，开展丰富多样的线下文化活动。

新技术的应用为高校带来了前所未有的管理挑战。高校管理者需要充分认识这些挑战，制定科学合理的应对策略，在充分利用新技术优势的同时，最大限度地降低其带来的风险和负面影响，以实现高校的高质量教育目标和可持续发展。

五、高校传统管理模式的局限性

高校传统管理模式在一定的历史时期发挥了重要作用，但随着社会的发展和高等教育的改革，其局限性也日益凸显。

（一）管理理念落后

传统的高校管理理念往往强调行政权威和层级管理，决策过程相对集中，缺乏对基层师生需求的充分关注。这种自上而下的管理方式可能导致决策与实际需求脱节，难以适应快速变化的教育环境和学生多样化的需求。例如，在课程设置方面，可能因为高层管理者缺乏对市场需求和学生兴趣的了解，导致课程内容陈旧、缺乏实用性和吸引力。

（二）组织结构僵化

高校传统的组织结构通常是金字塔式的层级结构，部门之间职责划分明确但沟通协作不畅。这种僵化的结构容易造成信息传递延误和失真，降低管理效率。例如，在学生事务管理中，涉及多个部门如教务处、学生处、后勤处等，由于部门之间协调困难，学生的一些问题得不到及时有效的解决。

（三）管理方式单一

传统管理模式多依赖于规章制度和行政命令进行管理，缺乏灵活性和人性化。过于严格的制度可能会抑制师生的创新精神和探索研究的积极性。

（四）资源配置不合理

在传统管理模式下，资源分配往往基于历史惯例和行政决策，缺乏科学的规划和评估。这可能导致资源向某些优势学科或部门过度集中，而一些新兴学科和基础学科则得不到足够的支持。例如，科研经费的分配更多地倾向于已有一定成果的团队，而年轻教师和创新性研究项目则难以获得充足的资金。

（五）缺乏服务意识

传统管理模式侧重于对师生的管理和约束，而服务意识相对薄弱。在学生事务中，更多地关注管理学生的行为，而忽视了为学生提供发展指导和个性化服务。对于教师，可能在教学支持、职业发展等方面提供的服务不足，影响教师的工作满意度和职业发展。

（六）评价体系不完善

高校传统的评价体系多以量化指标为主，如学生的考试成绩、教师的科研成果数量等，对教育质量和人才培养的综合效果评估不够全面和深入。这种评价体系容易导致片面追求数字和成果，忽视了教育的本质和学生的全面发展。例如，学生可能为了追求高分而死记硬背，忽视了知识的实际应用和创新能力的培养。

以某高校的科研管理为例，传统模式下，科研项目的申报和审批流程烦琐，周期长，限制了教师及时开展创新性研究。而且，评价科研成果主要看发表的论文数量和级别，导致一些教师为了发表论文而忽视了科研成果的实际应用价值。

再比如在学生就业指导方面，传统管理模式只是简单地举办几场招聘会，而没有深入了解学生的职业规划和需求，提供有针对性的职业培训和指导服务。

高校传统管理模式在理念、结构、方式、资源配置、服务意识和评价体系等方面存在诸多局限性。为了适应新时代高等教育发展的要求，高校需要积极推进管理模式的改革和创新，引入先进的管理理念和方法，提高管理效率和质量，促进高校的持续健康发展。

第二章　创新驱动下的高校学生教育管理理念

创新驱动下的高校学生教育管理理念强调以学生为中心，尊重学生的个性差异和主体地位，激发学生的内在潜能和创新精神。这种理念认为，学生不是被动的接收者，而是积极的参与者和创造者。

高校应该树立以人为本的教育管理理念，关注学生的身心健康和全面发展，为学生提供个性化的教育服务和支持。与此同时，要注重培养学生的自主学习能力、创新思维能力和团队合作能力，使学生能够适应未来社会的发展需求。

第一节　创新驱动下的教育理念更新

一、传统教育理念的局限性

在教育的漫长发展历程中，传统教育理念曾经发挥了重要的作用，但随着时代的变迁和社会的进步，其局限性也逐渐显现出来。

传统教育理念往往强调知识的传授，将学生视为知识的接收者，而教师则是知识的权威拥有者和传授者。这种单向的知识传递模式在一定程度上忽视了学生的主动性和创造性。学生被动地接受知识，缺乏主动探索和思考的机会，难以培养创新思维和解决实际问题的能力。

传统教育注重标准化和统一性，以统一的教学大纲、教材和考试标准来衡量学生的学习成果。这种模式虽然在一定程度上保证了教育的公平性和规范性，但忽略了学生的个体差异。每个学生都有独特的学习风格、兴趣爱好和发展需求，标准化的教育无法满足这些多样化的需求，可能导致部分学生无法充分发挥自己的潜力。

在教学方法上，传统教育多采用讲授式教学，课堂以教师为中心，学生参与度较低。这种教学方法难以激发学生的学习兴趣和积极性，容易使学生感到枯燥乏味，降低学习效果。而且，传统教育过于注重理论知识的学习，与实际生活和社会需求脱节。学生学到的知识往往难以应用到实际情境中，缺乏实践能力和综合运用知识的能力。

在评价体系方面，传统教育主要依赖考试成绩来评价学生的学习成果。这种单一的评价方式过于注重结果，而忽视了学生的学习过程和努力。它不能全面地反映学生的综合素质和能力，容易给学生带来过大的压力，导致应试教育的倾向，使学生为了追求高分而死记硬背，忽视了知识的真正理解和运用。

除此之外，传统教育理念在培养学生的情感、态度和价值观方面存在不足。它往往更关注知识和技能的培养，而忽视了学生的心理健康、社会责任感、团队合作精神等方面的发展。这可能导致学生在面对复杂的社会环境和人际关系时，缺乏必要的应对能力。

以中国古代的科举制度为例，它在一定历史时期为选拔人才发挥了作用，但也存在明显的局限性。科举考试的内容主要局限于儒家经典和诗词歌赋，形式较为刻板，注重死记硬背。这种考试导向的教育使得学生的知识面狭窄，思维僵化，缺乏创新和实践能力。许多读书人只为科举及第而读书，一旦落榜，往往缺乏其他生存技能和适应社会变化的能力。

在现代教育中，传统的应试教育模式在一些地区仍然存在。学生为了应对高考等重要考试，承受着巨大的压力，进行大量的机械性学习和刷题。这种教育方式虽然可能在短期内提高学生的考试成绩，但却不利于学生的长期发展和综合素质的提升。许多学生在进入大学后，发现自己缺乏自主学习能力、创新思维能力和解决问题的能力，难以适应大学的学习和生活。

传统教育理念在知识传授、个体差异关注、教学方法、实践能力培养、评价体系和学生全面发展等方面存在诸多局限性。为了适应时代的发展和社会的需求，教育理念的更新势在必行。

二、创新教育理念的核心要点

创新教育理念是对传统教育理念的突破和发展，旨在培养适应时代需求、具有创新精神和实践能力的人才。其核心要点包括以下几个方面：

以学生为中心：创新教育理念将学生置于教育的核心位置，充分尊重学生的主体地位和个性差异。教师不再是知识的灌输者，而是学生学习的引导者、组织者和促进者。学生在学习过程中拥有更多的自主权和选择权，能够根据自己的兴趣、特长和需求来制订学习计划和目标，积极主动地参与学习活动。

注重能力培养：创新教育强调培养学生的综合能力，包括创新思维能力、批判性思维能力、解决问题的能力、沟通协作能力、实践操作能力等。这些能力不仅是学生在未来社会中生存和发展所必需的，也是推动社会进步和创新的重要力量。

强调个性化学习：每个学生都是独特的个体，具有不同的学习风格、兴趣爱好和发展潜力。创新教育理念关注学生的个性化需求，通过灵活多样的教学方法和课程设置，为学生提供个性化的学习路径和资源，使每个学生都能在适合自己的环境中得到充分发展。

跨学科融合：当今社会面临许多复杂的、综合性的问题，需要运用多学科的知识和方法来解决。创新教育理念倡导跨学科学习，打破学科之间的界限，培养学生的跨学科思维和综合运用知识的能力。通过开设跨学科课程、开展项目式学习等方式，让学生在不同学科的交叉点上进行探索和创新。

培养创新精神：创新是推动社会发展的核心动力，创新教育理念注重培养学生的创新精神和创造力。鼓励学生敢于质疑、敢于挑战权威，培养学生的好奇心、想象力和冒险精神。为学生提供创新的环境和机会，让他们在实践中不断尝试和探索，培养创新思维和创新能力。

关注终身学习：随着知识经济的发展和科技的进步，知识更新速度不断加快，一次性的学校教育已经无法满足人们终身发展的需求。创新教育理念强调培养学生的终身学习意识和能力，使学生具备自主学习、持续学习的能力，能够在不同的人生阶段不断更新知识和技能，适应社会的变化和发展。

实践与理论相结合：创新教育注重将理论知识与实践应用相结合，让学生在实践中深化对知识的理解和掌握，提高运用知识解决实际问题的能力。通过实验、实习、社会实践等活动，让学生将所学知识运用到真实情境中，培养学生的实践能力和创新能力。

多元评价体系：创新教育理念倡导建立多元化的评价体系，不再仅仅以考试成绩作为评价学生的唯一标准。综合考虑学生的学习过程、学习态度、创新能力、实践能力、团队协作能力等多方面的表现，全面、客观、公正地评价学生的学习成果和综合素质。

三、教育理念更新的案例

以下是一些教育理念更新的实际案例，展示了创新教育理念在不同教育场景中的应用和成效。

案例一：项目式学习在中小学的应用

在某小学，教师们采用项目式学习的方法来教授科学课程。例如，在一个关于"环境保护"的项目中，学生们分成小组，自主选择感兴趣的环保主题，如垃圾分类、水资源保护、减少塑料使用等。他们通过查阅资料、实地考察、采访专家等方式收集信息，分析问题，并提出解决方案。在这个过程中，学生们不仅学到了科学知识，还培养了团队协作、问题解决、沟通表达等能力。教师则在整个过程中给予指导和支持，帮助学生解决遇到的困难。通过项目式学习，学生们的学习积极性大大提高，对科学课程的兴趣也更加浓厚。

案例二：大学的创新创业教育

某大学设立了创新创业学院，为学生提供创新创业教育和实践平台。学院开设了一系列创新创业课程，包括创业思维、商业模式设计、市场营销等，并邀请企业家、创业者担任导师，为学生提供指导和经验分享。与此同时，学校还举办创新创业大赛，为学生的创业项目提供资金支持和孵化服务。在这种教育理念的引导下，许多学生在校期间就开始尝试创业，一些优秀的创业项目还获得了社会资本的投资，取得了良好的经济效益和社会效益。

案例三：在线教育平台推动个性化学习

某在线教育平台利用大数据和人工智能技术，为学生提供个性化的学习方案。平台根据学生的学习历史、学习习惯、知识掌握情况等数据，为每个学生量身定制学习计划和课程内容。学生可以根据自己的节奏和需求进行学习，平台会实时反馈学习效果，并提供有针对性的辅导和建议。这种个性化的学习模式满足了不同学生的需求，提高了学习效率和效果。

案例四：职业教育中的产教融合

某职业院校与当地企业深度合作，实施产教融合的教育模式。学校根据企业的需求调整专业设置和课程内容，邀请企业技术人员参与教学，为学生提供实习和就业机会。与此同时，企业为学校提供实训设备和技术支持，共同开展科研项目和技术创新。通过产教融合，学生能够更好地掌握实际工作所需的技能，毕业后能够迅速适应工作岗位，提高了职业教育的质量和学生的就业竞争力。

案例五：幼儿园的游戏化教学

在一所幼儿园，教师们采用游戏化教学的方法，让孩子们在游戏中学习和成长。例如，通过角色扮演游戏，让孩子们体验不同的职业和社会角色，培养他们的社会认知和人际交往能力；通过建构游戏，锻炼孩子们的动手能力和空间想象力。游戏化教学让孩子们在快乐中学习，充分发挥了他们的主动性和创造性，促进了幼儿的全面发展。

这些实际案例表明，教育理念的更新能够为教育带来新的活力和机遇，培养出更具创新精神和实践能力的学生，更好地适应社会发展的需求。但与此同时，教育理念的更新也需要教育工作者不断学习和探索，结合实际情况进行创新和实践，推动教育事业的不断发展。

第二节 以学生为中心的教育管理思想

一、"以学生为中心"的内涵解读

"以学生为中心"的教育管理思想是现代教育理念的核心之一，它强调将学生置于教育活动的核心位置，围绕学生的需求、兴趣和发展来设计和实施教育管理策略。

从根本上讲，"以学生为中心"意味着对学生个体的尊重和关注。每个学生都是独一无二的，具有不同的背景、性格、学习风格和发展潜力。这一理念要求教育者摒弃"一刀切"的教育模式，充分认识到学生的个体差异，并将这种差异视为宝贵的教育资源，而非管理的障碍。在这种思想的指导下，教育管理不再是对学生的强制规范和统一塑造，而是因材施教，为每个学生提供适合其发展的环境和机会。

"以学生为中心"还体现在对学生主体地位的确认。学生不再是被动接受知识和管理的对象，而是积极参与学习和自我管理的主体。这意味着要赋予学生更多的自主权和选择权，让他们能够在一定范围内决定自己的学习内容、学习方式和发展方向。例如，在课程选择上，学生可以根据自己的兴趣和职业规划，选择适合自己的课程组合；在学习方法上，学生可以根据自身特点，采用适合自己的学习策略，如自主学习、合作学习或探究式学习等。

除此之外，"以学生为中心"强调以学生的发展为根本目标。教育管理的一切措施和活动都应着眼于促进学生的全面发展，不仅包括知识和技能的获取，还涵盖了情感、态度、价值观的培养，以及社会适应能力、创新能力和终身学习能力的提升。这就要求教育管理不仅仅关注学生的学业成绩，更要关注学生的身心健康、道德品质、人际交往和社会责任感等方面的发展。

在教育过程中，"以学生为中心"注重培养学生的自主学习能力和自我管理能力。通过引导学生制订学习计划、管理学习时间、评估学习成果等，让学生逐渐学会对自己的学习和成长负责。与此同时，教育者要为学生提供必要的支持和指导，帮助他们在自主学习和自我管理的过程中不断成长和进步。

为了真正实现"以学生为中心"，教育者还需要建立良好的师生关系。这种关系不是传统的权威与服从的关系，而是平等、尊重、信任和理解的关系。教师要成为学生的倾听者、引导者和合作伙伴，与学生共同探讨问题、解决困难，促进学生的成长和发展。

例如，在一个课堂中，如果教师采用"以学生为中心"的教学方法，会在讲解一个新的知识点之前，先让学生提出自己对该主题的疑问和想法，然后根据学生的反馈来调整教学内容和方法。在小组讨论中，教师会鼓励每个学生发表自己的观点，尊重不同的意见，而不是简单地给出标准答案。在评价学生的学习成果时，教师会关注学生的学习过程和努力程度，而不仅仅是考试成绩。

"以学生为中心"的内涵是丰富而深刻的，它要求教育管理从学生的角度出发，尊重学生的个性，发挥学生的主体作用，促进学生的全面发展，建立良好的师生关系，从而为学生的成长和未来奠定坚实的基础。

二、实现以学生为中心教育管理的关键举措

要实现"以学生为中心"的教育管理，需要采取一系列关键举措。

首先，建立个性化的教育体系是重要的基础。这包括根据学生的兴趣、能力和学习风格制订个性化的学习计划。学校可以通过入学评估、定期的学业评估以及与学生和家长的深入沟通，了解每个学生的特点和需求。例如，对于具有艺术天赋的学生，可以提供更多的艺术课程和实践机会；对于数学能力较强的学生，可以提供更具挑战性的数学课程和竞赛培训。

优化课程设置也是关键之一。课程应该具有多样性和灵活性，除了必修课程外，提供丰富的选修课程，让学生能够根据自己的兴趣和职业规划进行选择。与此同时，课程内容应与现实生活和社会需求紧密结合，激发学生的学习兴趣和主动性。比如，开设"环境科学与社会""艺术与科技"等跨学科课程，培养学生综合运用知识解决

实际问题的能力。

教学方法的创新是实现以学生为中心的重要手段。采用启发式、探究式、合作式等教学方法，鼓励学生积极参与课堂讨论和实践活动。例如，教师可以设计问题情境，引导学生自主探究和解决问题；组织小组合作项目，让学生在合作中互相学习和成长。除此之外，利用现代教育技术，如在线学习平台、虚拟实验室等，为学生提供更加丰富多样的学习资源和学习方式。

建立良好的师生关系至关重要。教师要关心学生的生活和学习，与学生进行平等、真诚的交流，了解他们的困惑和需求，并给予及时的指导和帮助。教师应该成为学生的榜样，展现出积极的人生态度和价值观，影响和激励学生。与此同时，鼓励学生对教学提出意见和建议，参与教学评价，促进教学质量的不断提高。

加强学生的自主管理和自我发展能力的培养也是必不可少的举措。学校可以设立学生自治组织，让学生参与学校的管理和决策过程，如学生会、社团联合会等。通过这些组织，学生可以锻炼自己的领导能力、组织能力和沟通能力。与此同时，引导学生制定个人发展规划，明确自己的学习目标和职业方向，并为实现这些目标而努力。

提供全方位的支持服务是实现以学生为中心的保障。这包括学业辅导、心理咨询、职业规划指导、就业服务等。学校可以建立专门的辅导中心和咨询机构，为学生提供个性化的服务。例如，为学习困难的学生提供一对一的辅导；为面临心理压力的学生提供心理咨询和疏导；为即将毕业的学生提供就业信息和求职技巧培训。

除此之外，营造积极的校园文化氛围也能促进以学生为中心的教育管理。学校可以通过举办各类文化活动、学术讲座、科技创新竞赛等，激发学生的创新思维和探索精神，培养学生的团队合作意识和社会责任感。

三、以学生为中心的教育管理成效

以学生为中心的教育管理理念在实践中取得了显著的成效，对学生的成长、学校的发展以及社会的进步都产生了积极的影响。

对于学生个体而言，以学生为中心的教育管理模式极大地激发了他们的学习兴趣和主动性。当学生能够根据自己的兴趣和需求选择课程和学习方式时，他们更愿意投入到学习中，学习效果也得到了显著提升。例如，学生在个性化的学习计划下，能够更好地掌握知识和技能，学业成绩普遍提高。而且，这种模式培养了学生的自主学习能力和自我管理能力，使他们在未来的学习和生活中能够更好地适应变化和挑战。

在综合素质方面，以学生为中心的教育管理注重学生的全面发展，培养了学生的创新思维、团队合作能力、沟通能力和解决问题的能力。学生在参与项目式学习、小组讨论和实践活动的过程中，不断锻炼和提升自己的综合能力。这些能力不仅有助于他们在学术领域取得成功，也为他们未来的职业发展和社会生活打下了坚实的基础。例如，许多毕业生在工作中表现出出色的创新能力和团队协作精神，得到了用人单位的高度评价。

从学生的心理健康角度来看，以学生为中心的教育管理模式营造了一个具有支持性和包容性的学习环境，减少了学生的学习压力和焦虑感。教师的关心和指导、同学之间的互助合作，让学生感受到关爱和尊重，增强了他们的自信心。这有助于预防和减少心理问题的发生，促进学生的心理健康发展。

对于学校而言，以学生为中心的教育管理提高了学校的教育质量和声誉。学生的满意度提高，吸引了更多优秀的学生报考，形成了良性循环。与此同时，学校在教育改革和创新方面取得了显著成果，提升了在教育领域的竞争力和影响力。

在社会层面，以学生为中心培养出来的学生具有更强的社会适应能力和创新能力，能够更好地为社会的发展做出贡献。他们能够迅速适应职场的变化，推动行业的创新和发展，为社会创造更多的价值。

例如，某高校在实施以学生为中心的教育管理模式后，学生的创新创业项目数量显著增加，其中一些项目成功转化为实际的产品和服务，为当地经济发展注入了新的活力。与此同时，毕业生的就业率和就业质量也得到了明显提升，学校在社会上的声誉越来越好。

以学生为中心的教育管理成效显著，不仅促进了学生的个人发展，也推动了学校的进步和社会的发展。要实现这一理念的持续有效实施，还需要教育工作者不断探索和创新，不断完善教育管理体系，以适应时代的发展和学生的需求。

四、学生参与高校管理决策的机制

在当今高等教育的发展中，学生参与高校管理决策已成为提升教育质量、促进学校民主发展的重要趋势。建立有效的学生参与机制，不仅能够增强学生的主体意识和责任感，还能够促进学校管理的科学化和人性化。

（一）学生参与高校管理决策的意义

首先，学生参与管理决策有助于提高决策的科学性和合理性。学生作为高校教育的直接接受者，对教学、生活等方面的实际情况有着切身的感受和体验。他们能够提供来自学生群体的真实声音和需求，使决策更贴近实际，避免决策的盲目性和主观性。

其次，促进学校与学生之间的沟通与理解。参与决策过程可以让学生更好地了解学校的运行机制、面临的困难和发展规划，从而增强对学校的认同感和归属感。与此同时，学校也能更准确地把握学生的想法和期望，减少误解和误判。

再者，培养学生的民主意识、社会责任感和综合能力。通过参与管理决策，学生能够学习如何表达自己的观点、倾听他人的意见、进行理性的讨论与协商，从而提升自身的沟通能力、团队合作能力和问题解决能力。

（二）学生参与高校管理决策的主要形式

学生代表大会是学生参与学校管理决策的重要途径之一。学生代表由广大学生选举产生，代表学生的利益和诉求。学生代表大会定期召开，审议学校的发展规划、规章制度等重要事项，并提出学生的意见和建议。

学生会和各类学生社团也在管理决策中发挥着积极作用。它们通过组织各种活动、收集学生意见等方式，为学校的管理决策提供参考。与此同时，学生会和社团还可以与学校相关部门合作，共同推动学校的发展。

除此之外，学生参与学校的教学评价和课程改革也是常见的形式。学生可以对教师的教学质量进行评价，反馈教学中存在的问题和不足，为改进教学提供依据。在课程改革方面，学生可以参与课程设置的讨论，提出对课程内容和教学方法的建议。

（三）学生参与高校管理决策的保障机制

为了确保学生能够有效地参与管理决策，需要建立一系列的保障机制。

1. 建立健全信息公开制度

学校应及时、准确地向学生公开学校的发展规划、财务状况、管理制度等重要信息，使学生在充分了解的基础上参与决策。

2. 提供培训和指导

由于学生在管理经验和理论知识方面存在不足，学校应为参与决策的学生提供相关的培训，帮助他们了解决策的程序、方法和原则，提高参与决策的能力。

3. 建立反馈机制

对于学生提出的意见和建议，学校应及时给予反馈，说明采纳或不采纳的理由，并将决策结果向学生公布，让学生感受到自己的参与是有价值的。

（四）学生参与高校管理决策的案例分析

以某高校为例，该校成立了学生事务委员会，成员包括学生代表、教师代表和学校管理人员。在学校制定新的学生宿舍管理规定时，学生事务委员会广泛征求学生的意见。学生们提出了关于宿舍设施改善、作息时间调整等方面的建议。学校认真研究了这些建议，并在最终的管理规定中予以体现。这一举措不仅提高了学生对宿舍管理的满意度，也增强了学生参与学校管理的积极性。

另一所高校充分发挥学生的作用。学校组织了学生座谈会和问卷调查，了解学生对现有课程的看法和在课程改革中的期望。根据学生的反馈，学校增加了一些实践课程和选修课程，优化了课程结构，提高了教学质量。

（五）学生参与高校管理决策面临的挑战与应对策略

在实践中，学生参与高校管理决策也面临一些挑战。例如，学生的参与意识和能力参差不齐，部分学生缺乏积极性和主动性；学生的意见和建议在决策中可能得不到足够的重视；参与决策的渠道和机制还不够完善等。

针对这些问题，可以采取以下策略加以应对。加强宣传和教育，提高学生的参与意识和责任感；完善参与机制，明确学生在决策中的地位和作用，确保学生的意见能够得到充分的重视；建立激励机制，对积极参与管理决策的学生给予表彰和奖励。

建立完善的学生参与高校管理决策的机制是一个系统工程，需要学校、教师和学生的共同努力。通过不断探索和创新，让学生在高校管理中发挥更大的作用，推动高校的持续发展和进步。

五、以学生为中心的高校教育环境营造

在当今高等教育领域，"以学生为中心"的理念逐渐深入人心，营造与之相适应的教育环境成为高校发展的重要任务。

（一）以学生为中心的内涵与意义

以学生为中心意味着将学生的需求、兴趣和发展置于教育的核心位置，一切教育活动都围绕着促进学生的成长和发展展开。

其意义在于能够充分激发学生的学习积极性和主动性。当学生感受到自己被重视和尊重，他们会更有动力去探索知识、追求进步。

有助于培养学生的创新思维和实践能力。以学生为中心的教育环境鼓励学生提出自己的想法和观点，并提供更多的实践机会，使学生能够将理论知识应用于实际，培养解决问题的能力。除此之外，能够增强学生的综合素质和社会适应能力。在这样的环境中，学生不仅能够获得专业知识，还能够培养沟通、合作、自主学习等多方面的能力，为未来的职业发展和个人生活奠定坚实的基础。

（二）以学生为中心的教育环境构成要素

首先是个性化的教学服务。根据学生的不同特点、兴趣和学习能力，制订个性化的教学计划和课程安排，满足学生多样化的学习需求。

优质的师资队伍也是关键。教师不仅要有深厚的专业知识，还要具备良好的教育教学方法和关爱学生的情怀，能够与学生建立良好的互动关系，引导学生积极学习。

丰富的教学资源不可或缺。包括先进的教学设施、充足的图书资料、在线学习平台等，为学生提供便捷、多样的学习途径。

再者，和谐的校园文化氛围能够潜移默化地影响学生。鼓励开放、包容、创新的文化，举办丰富多彩的学术、文化和体育活动，促进学生的全面发展。

（三）营造以学生为中心的教育环境的策略

在教学方法上，推广探究式、合作式、项目式学习等，让学生在主动参与中学习和成长。例如，组织学生开展小组项目，共同解决实际问题，培养团队合作和创新能力。

加强师生互动。教师要增加与学生的交流时间，不仅在课堂上，还包括课外的辅导、讨论和交流活动。通过互动，及时了解学生的学习情况和需求，提供有针对性的指导。

完善教学评价体系。改变传统以考试成绩为主的评价方式，综合考虑学生的课堂表现、作业完成情况、项目成果、实践能力等多方面因素，全面评价学生的学习效果。

优化校园服务。提供良好的生活设施、餐饮服务、心理咨询等，解决学生的后顾之忧，让他们能够全身心地投入学习。

（四）案例分析

某高校实施了导师制，为每位学生配备导师，导师根据学生的特点和兴趣，为其制订个性化的学习计划和职业规划，定期与学生交流并进行指导。这一举措大大提高了学生学习的满意度和职业发展能力。

另一所高校打造了智慧校园，建设了先进的在线学习平台，学生可以随时随地获取学习资源，与教师和同学进行交流互动。与此同时，学校还开展了丰富多样的社团活动和创新创业竞赛，营造了浓厚的创新氛围。

（五）面临的挑战与解决途径

在营造以学生为中心的教育环境过程中，也面临一些挑战。比如，教师观念的转变需要时间和相关的培训；资源投入也受到限制；学校管理制度可能存在不适应的地方等。

为解决这些问题，高校要加强教师培训，更新教师的教育理念和教学方法；合理规划资源配置，争取更多的社会支持；改革学校管理制度，减少行政干预，赋予教师和学生更多的自主权。

营造以学生为中心的高校教育环境是一项长期而艰巨的任务，需要高校全体成员的共同努力和持续投入。只有这样，才能真正实现高等教育的质量提升和学生的全面发展。

第三节　多元化与个性化的教育管理策略

一、多元化教育管理的表现形式

在当今教育领域，多元化教育管理已成为一种重要的趋势，其表现形式丰富多样，涵盖了教育的各个层面和环节。

课程设置的多元化是多元化教育管理的显著表现之一。传统的课程体系往往较为单一，注重基础知识的传授。而在多元化的教育管理模式下，课程设置更加丰富多样，不仅包括必修的核心课程，还涵盖了大量的选修课程、拓展课程和实践课程。例如，除了常规的语文、数学、科学等课程，学校还可以开设艺术、音乐、戏剧、编程、机器人技术等课程，以满足学生不同的兴趣和天赋。这种多元化的课程设置为学生提供了更广阔的选择空间，使他们能够根据自己的喜好和未来的发展方向来定制个性化的学习路径。

教学方法的多元化也是重要的表现形式。传统的教学方法通常以教师讲授为主，学生被动接受知识。而在多元化的教育环境中，教学方法变得更加灵活多样。例如，探究式学习鼓励学生自主提出问题、探索解决方案；合作式学习则通过小组合作的方式培养学生的团队协作和沟通能力；项目式学习让学生在完成实际项目的过程中综合运用知识和技能；翻转课堂则将知识传授的过程放在课外，课堂上则更多地进行讨论、实践和问题解决。这些多元化的教学方法能够适应不同学生的学习风格和需求，提高教学效果。

评价体系的多元化是多元化教育管理的另一个重要方面。传统的评价往往仅依赖于考试成绩，而多元化的评价体系则更加全面和客观。除了考试成绩，还包括课堂表现、作业完成情况、小组项目成果、实践操作能力、创新思维能力等多个维度。评价方式也不仅限于纸笔测试，还可能包括口头报告、作品展示、实验操作、实地考察等。通过多元化的评价体系，能够更准确地反映学生的学习过程和全面发展情况，避免了单一评价方式可能带来的片面性和局限性。

教育资源的多元化是多元化教育管理的基础。这包括了人力资源、物力资源和信息资源等多个方面。在人力资源方面，学校不仅拥有专业的学科教师，还可以聘请兼职教师、行业专家、志愿者等为学生提供丰富的知识和经验。物力资源方面，学校配备先进的教学设施、实验设备、图书馆资源等，以支持多样化的教学活动。信息资源方面，互联网的普及使得学生能够获取来自全球的教育资源，在线课程、教育软件、数字图书馆等为学生提供了广阔的学习空间。

学习环境的多元化也是多元化教育管理的一种体现。学校不再仅仅是教室和校园的范畴，还可以拓展到社区、企业、科研机构等场所。例如，学生可以通过参加社区服务活动培养社会责任感；到企业实习了解实际工作场景；参与科研项目接触前沿科技。除此之外，虚拟现实（VR）学习环境的发展也为学生提供了更多的学习选择，在线学习平台、虚拟实验室、教育游戏等让学习不再受时间和空间的限制。

教育目标的多元化是多元化教育管理的核心。不再仅仅追求学术成绩的提升，而是注重培养学生的综合素质，包括创新能力、批判性思维、社会责任感、全球视野、跨文化交流能力等。例如，学校组织国际交流活动，让学生了解不同国家的文化和教育体系；开展社会调研项目，培养学生对社会问题的关注和解决能力。这种多元化的教育目标能够更好地适应社会发展的需求，培养具有全面素养和竞争力的人才。

二、个性化教育管理的实施途径

个性化教育管理旨在满足每个学生独特的学习需求和发展潜力，以下是一些实现个性化教育管理的实施途径。

（一）深入了解学生是个性化教育管理的基础

通过建立全面的学生档案，包括学生的学习成绩、兴趣爱好、性格特点、家庭背景、学习风格等方面的信息，教育者可以对每个学生形成全面而深入的了解。例如，运用心理测评工具和学习风格测试，如迈尔斯－布里格斯性格类型指标（MBTI）和多元智能理论的评估，来确定学生的优势智能和学习偏好，如视觉型、听觉型或动觉型学习者。教师还可以通过与学生、家长的定期沟通和交流，进一步了解学生的内心世界和需求。

（二）基于对学生的了解，为每个学生制订个性化的学习计划是关键的一步

这意味着根据学生的学习目标、现有水平和发展速度，为其量身定制课程内容、学习进度和教学方法。对于学习能力较强的学生，可以提供更具挑战性的课程和拓展性的学习任务；对于学习有困难的学生，则着重强化基础知识，提供更多的辅导和支持。例如，在数学学科中，如果一个学生在代数方面表现出色，但在几何方面较弱，那么学习计划可以为其增加几何的学习时间和有针对性的练习。

（三）灵活的课程选择是实现个性化教育的重要途径

学校可以提供丰富多样的课程菜单，让学生根据自己的兴趣和职业规划选择适合自己的课程。这包括必修课程的分层教学，如基础、提高和拓展层次，以及大量的选修课程，涵盖艺术、体育、科技、人文等多个领域。除此之外，还可以引入在线课程和校本课程，满足学生特殊的学习需求。比如，一个对计算机编程有浓厚兴趣的学生，可以选择更多相关的选修课程和在线课程来深入学习。

（四）教学方法的个性化调整也是必不可少的

教师应根据学生的学习风格和特点，采用不同的教学方法。对于视觉型学习者，可以多使用图片、图表和视频进行教学；对于听觉型学习者，讲解和讨论可能更有效；而动觉型学习者则可能在实践操作和实验中学习效果更好。与此同时，采用差异化的教学策略，如小组教学、个别辅导、自主学习等，以满足不同学生在不同学习阶段的需求。

（五）及时和有针对性的反馈与评价对于个性化教育至关重要

教师应定期对学生的学习进行评估，不仅关注学习成果，还要关注学习过程中的努力和进步。评价方式应多样化，包括作业、测试、项目成果、课堂表现等。根据评价结果，为学生提供具体的反馈和建议，帮助他们明确自己的优点和不足，调整学习策略。例如，对于一篇作文，教师不仅给出分数，还应指出具体的写作优点和需要改进的地方，并提供有针对性的写作指导。

利用教育技术为个性化教育提供支持也是一种有效的途径。例如，自适应学习系统可以根据学生的学习情况实时调整学习内容和难度；智能辅导软件可以为学生提供个性化的学习辅导和练习；在线学习平台可以记录学生的学习轨迹，为教师提供数据支持，以便更好地制订个性化教学计划。

除此之外，建立良好的家校合作机制有助于个性化教育的实施。家长能够提供关

于学生在家中的学习情况和特点的信息，与教师共同商讨教育策略，形成教育合力。例如，家长和教师可以共同制定针对学生在家学习时间和内容的安排，确保个性化教育在学校和家庭中得到延续和统一。

三、多元化与个性化结合的实践探索

在教育领域，将多元化与个性化相结合的实践探索正在不断推进，为学生提供更优质、更贴合其需求的教育体验。

在课程设计方面，一些学校采用了模块化的课程体系。将课程内容分解为不同的模块，每个模块具有特定的主题和学习目标。学生可以根据自己的兴趣和发展方向选择不同的模块组合，形成个性化的课程表。例如，在高中阶段，除了必修的语数外等基础模块，还设置了艺术与设计、科技创新、人文社科等多元化的模块。学生可以根据自己未来想从事的职业或专业方向，选择相应的模块进行深入学习，如对艺术感兴趣的学生可以选择更多的艺术模块，包括绘画、雕塑、摄影等。

教学组织形式也在进行多元化与个性化结合的尝试。例如，采用分层走班制与小组合作学习相结合的方式。根据学生的学业水平进行分层教学，让学生在适合自己的层次中学习基础知识。与此同时，在课堂上组织小组合作学习，让不同层次、不同兴趣的学生组成小组，共同完成项目式学习任务。这样既照顾到了学生的个体差异，又促进了学生之间的交流与合作，培养了学生的团队协作能力和跨学科思维。

在评价方式上，综合运用多元化的评价指标和个性化的评价反馈。除了传统的考试成绩，还考虑学生在课堂参与、小组项目表现、作业完成质量、创新能力展示等方面的表现。评价不仅关注学生的知识掌握程度，更注重学生的能力发展和素养提升。对于每个学生，教师会根据其学习特点和进步情况，提供个性化的评价反馈，指出优点和不足，并给予具体的改进建议。比如，对于一个在数学学习上有进步但解题思路不够灵活的学生，教师在评价中会肯定其努力和成绩，同时建议其多做一些拓展性的练习题，培养创新解题思维。

教育资源的配置也体现了多元化与个性化的结合。学校不仅提供丰富的校内资源，如图书馆、实验室、艺术工作室等，还积极引入校外资源，如与企业合作开展实习项目、邀请专家举办讲座、利用社区资源开展社会实践活动等。与此同时，根据学生的个性化需求，为学生提供个性化的学习资源推荐，如适合其阅读水平的书籍、相关的在线学习课程等。

在师资队伍建设方面，鼓励教师发展多元化的教学能力和个性化的教育风格。教师通过参加培训和专业发展活动，提升自己在不同学科领域的教学能力，能够跨学科教学或指导学生的综合性项目。与此同时，尊重教师的个性和教学风格，让教师能够根据自己的特点和学生的需求，灵活运用教学方法，为学生提供个性化的教学服务。

例如，某学校开展了"未来工程师"项目，将科学、技术、工程、艺术和数学（STEAM）教育理念融入其中。学生可以根据自己的兴趣选择不同的工程领域进行研究，如机械工程、电子工程、软件工程等。学校为学生提供了多元化的学习资源，包

括实验室设备、在线课程、专家指导等。教师根据学生的兴趣和能力，为每个学生制订个性化的研究计划，并在过程中给予有针对性的指导。通过这个项目，学生不仅在自己感兴趣的领域取得了大量的学习成果，还培养了创新能力和解决实际问题的能力。

多元化与个性化相结合的教育管理实践探索正在不断丰富和深化，为每个学生提供了更具针对性、更富有活力和创造力的教育环境，有助于培养适应未来社会发展的多元化创新人才。这种实践也面临着诸多挑战，如资源配置的公平性、教师培训的有效性、教育管理的复杂性等，需要教育工作者不断总结经验、持续创新，以推动教育的不断发展和进步。

四、高校针对特殊学生群体的管理策略

高校是一个多元化的学习和生活社区，其中包含了各种不同背景和需求的学生。特殊学生群体，如残疾学生、贫困学生、心理障碍学生、少数民族学生等，需要高校给予特别的关注和支持，以确保他们能够获得平等的教育机会和良好的发展。

（一）残疾学生的管理策略

对于残疾学生，高校首先要提供无障碍的物理环境，包括无障碍通道、电梯、卫生间等设施，以方便他们在校园内的行动。在教学方面，要提供合理的便利，如为视障学生提供盲文教材、为听障学生配备手语翻译或提供字幕服务。除此之外，还需要对教师进行特殊教育培训，使他们能够更好地满足残疾学生的学习需求。例如，开展针对残疾学生教育方法的工作坊，提高教师的特殊教育技能。

为残疾学生制订个性化的教育计划也是至关重要的。根据他们的残疾类型和等级，结合其专业要求和个人发展目标，量身定制课程安排、考试方式和学习进度。与此同时，建立专门的辅导和支持服务，如学习辅导中心、心理咨询服务等，帮助残疾学生克服学习和生活中的困难。

（二）贫困学生的管理策略

贫困学生在高校中面临着经济压力和心理负担。高校应建立完善的资助体系，包括奖学金、助学金、助学贷款、勤工俭学岗位等，以保障他们的基本生活和学习需求。加强对贫困学生的资助政策宣传，确保他们了解并能够申请到相应的资助。与此同时，开展贫困生认定工作时，要确保程序公正、公平、公开，准确识别真正需要帮助的学生。

除了经济援助，还要关注贫困学生的心理健康和综合素质提升。通过心理咨询、心理健康课程等方式，帮助他们树立自信，克服自卑心理。组织各种能力提升培训和职业规划指导活动，提高贫困学生的就业竞争力，从根本上帮助他们摆脱贫困。

（三）心理障碍学生的管理策略

高校要建立健全心理健康教育和咨询体系，为心理障碍学生提供及时有效的帮助。

加强心理健康知识的普及宣传，提高学生对心理健康的认识和重视程度。通过心理测评等手段，及早发现有心理问题的学生，并进行跟踪和干预。

对于已经确诊有心理障碍的学生，要建立心理档案，制定个性化的治疗和支持方案。安排专业的心理咨询师进行定期辅导，必要时与家长保持密切沟通，共同关心学生的康复。与此同时，营造一个关爱、包容的校园环境，减少对心理障碍学生的偏见和歧视。

（四）民族学生的管理策略

尊重和保护少数民族学生的文化和宗教习俗是管理的基础。在饮食、住宿等方面提供相应的条件，开设少数民族文化课程和活动，增进各民族学生之间的交流和理解。针对少数民族学生在语言和学习基础上的差异，提供有针对性的辅导和支持，如预科教育、汉语培训等。

加强对少数民族学生的思想政治教育，培养他们的国家意识和民族团结意识。鼓励少数民族学生参与学校的各种社团和组织，发挥他们的特长和优势，增强他们的自信心和归属感。

（五）留学生的管理策略

对于留学生，要提供全面的入学指导和服务，帮助他们适应新的学习和生活环境。优化课程设置，考虑到留学生的文化背景和语言水平，开设专门的英语授课课程或双语课程。建立留学生导师制度，为他们提供学习和生活上的指导。

加强留学生的日常管理，包括住宿管理、签证管理等。与此同时，组织丰富多彩的文化交流活动，促进留学生与本国学生之间的互动和融合，培养他们的跨文化交流能力。

（六）案例分析

以某高校为例，该校针对残疾学生成立了专门的服务团队，包括无障碍设施建设小组、特殊教育教师培训小组和残疾学生支持小组。无障碍设施建设小组负责对校园进行全面的无障碍改造，确保残疾学生能够自由通行。特殊教育教师培训小组定期组织教师参加相关培训，提高他们对残疾学生的教育能力。残疾学生支持小组则为每位残疾学生制订个性化的支持计划，包括学习辅导、生活帮助和心理支持等。通过这些努力，该校的残疾学生能够顺利完成学业，并在校园生活中感受到关爱和尊重。

另一所高校在贫困学生管理方面采取了一系列措施。除了提供常规的资助项目外，还建立了贫困学生发展中心，为贫困学生提供职业技能培训、实习机会和就业推荐。与此同时，组织贫困学生成立互助小组，通过相互鼓励和支持，共同克服困难。这些举措不仅帮助贫困学生解决了经济问题，还提升了他们的综合素质和就业竞争力。

（七）挑战与展望

在管理特殊学生群体的过程中，高校也面临着一些挑战。如资源有限、人员不足、观念陈旧等。随着社会的发展和教育理念的更新，高校对特殊学生群体的管理将不断完善和优化。未来，我们期待看到更多创新的管理策略和方法的出现，以及全社会对特殊学生群体的更多关注和支持，共同为他们创造一个公平、包容和优质的教育环境。

五、高校成功的多元化与个性化教育实践

在当今全球化和知识经济时代，高校教育面临着越来越多的挑战和需求，多元化与个性化教育成了高校教育改革和发展的重要方向。许多高校已经在这方面进行了积极的探索和实践，并取得了显著的成果。

（一）多元化教育实践

课程设置的多元化是多元化教育的重要体现。许多高校打破传统的学科界限，开设跨学科课程和综合性课程，培养学生的综合素养和创新能力。例如，一些高校开设了"科技与人文""艺术与科学"等跨学科课程，让学生在不同学科的交叉领域中探索和学习。

教学方法的多元化也是关键。除了传统的讲授式教学，越来越多的高校采用案例教学、小组讨论、项目式学习、实践教学等方法，以满足不同学生的学习风格和需求。例如，在工商管理课程中，教师通过实际企业案例的分析和讨论，让学生在解决实际问题的过程中提高分析和决策能力。

师资队伍的多元化有助于为学生提供丰富的学术视野和多元文化的交流。高校积极引进具有不同学科背景、文化背景和工作经验的教师，促进教师之间的合作与交流。例如，一所综合性大学的法学院邀请具有丰富实践经验的律师和法官担任兼职教师，为学生带来真实的法律案例和实践经验。

学生构成的多元化是高校多元化教育的重要方面。通过招收来自不同地区、不同民族、不同国家的学生，营造多元文化的校园环境。学校组织各种文化交流活动，促进学生之间的相互理解和学习。比如，举办国际文化节，让各国学生展示自己的文化特色和传统。

（二）个性化教育实践

个性化的学业规划指导是个性化教育的基础。高校为学生配备导师，导师根据学生的兴趣、能力和职业目标，为其制定个性化的学业规划。例如，在大一新生入学时，导师与学生进行深入的交流，了解他们的专业意向和发展需求，帮助他们选择适合的课程和专业方向。

实施分层分类教学是满足学生个性化需求的重要途径。根据学生的学习基础和能力，将学生分为不同的层次和类别，提供有针对性的教学内容和教学进度。比如，在

大学英语教学中，根据学生的英语水平分为不同的班级，采用不同难度的教材和教学方法。

为学生提供丰富的选修课程和自主学习资源是实现个性化教育的重要保障。高校开设大量的选修课程，涵盖人文、社科、自然科学等各个领域，学生可以根据自己的兴趣自由选择。与此同时，建设完善的在线学习平台，提供丰富的学习资料和课程，满足学生自主学习的需求。

支持学生开展个性化的科研和实践活动也是个性化教育的重要内容。高校鼓励学生参与教师的科研项目，或者自主申报科研课题，开展创新性的研究。与此同时，为学生提供实践实习的机会和平台，让他们在实践中锻炼和提升自己的能力。

（三）成功案例分析

某高校推出了"个性化培养计划"，学生在完成基础课程后，可以根据自己的兴趣和职业规划选择不同的专业方向模块，并自主组合课程。学校还为学生提供了多次转专业的机会，以确保他们能够在自己喜欢的领域学习。与此同时，该校建立了"学生创新实践中心"，为学生的创新创业项目提供场地、资金和指导支持。这些举措使得学生的学习积极性和创新能力得到了显著提高，毕业生在就业市场和学术领域都表现出色。

另一所高校实施了"导师制＋书院制"的管理模式。每位学生都有专属导师，导师定期与学生交流，关注他们的学习和生活情况，提供个性化的指导。与此同时，学校以书院为单位组织各种文化活动和学术讲座，营造了浓厚的学术氛围和温馨的社区环境。这种模式增强了学生的归属感和认同感，促进了学生的全面发展。

（四）面临的挑战与应对策略

在推行多元化与个性化教育的过程中，高校也面临一些挑战。如教育资源分配不均、教学管理难度加大、教师培训不足等。

为应对这些挑战，高校需要优化教育资源配置，加大对教学设施、师资队伍建设等方面的投入。与此同时，建立科学的教学管理体系，运用信息化技术提高管理效率。加强教师培训，提升教师的教育教学能力和对多元化与个性化教育的理解和应用能力。

随着科技的不断进步和社会的发展，高校的多元化与个性化教育将不断深化和完善。未来，高校将更加注重利用人工智能、大数据等技术手段，精准分析学生的需求和特点，为学生提供更加个性化的学习方案和服务。与此同时，加强国际合作与交流，引进先进的教育理念和教育资源，推动多元化与个性化教育的创新发展。

高校的多元化与个性化教育实践为学生的发展提供了更广阔的空间和更多的可能性。通过不断的探索和创新，高校将能够更好地满足社会对人才的多样化需求，培养出具有创新精神和实践能力的高素质人才。

第四节 跨学科与综合性的教育管理创新

一、跨学科教育管理的意义

在当今知识经济和全球化的时代背景下，跨学科教育管理具有极其重要的意义。它不仅打破了传统学科之间的界限，还为培养创新型、复合型人才提供了新的思路和方法。

跨学科教育管理有助于培养学生的创新思维和解决复杂问题的能力。在现实生活中，许多问题并不是单纯属于某一个学科领域，而是涉及多个学科的知识和方法。例如，应对气候变化问题，需要综合运用物理学、化学、生物学、经济学、政治学等多学科的知识。通过跨学科的学习和研究，学生能够从不同的角度思考问题，突破单一学科的思维局限，提出创新性的解决方案。这种创新思维和解决复杂问题的能力是未来社会所急需的，能够使学生在面对日益复杂多变的社会挑战时更加从容和自信。

跨学科教育管理促进了知识的融合与应用。不同学科的知识在相互碰撞和交流中往往会产生新的知识增长点。例如，生物学与计算机科学的交叉产生了生物信息学，物理学与医学的结合推动了医学影像学的发展。在教育管理中推动跨学科，能够让学生更好地理解不同学科之间的内在联系，将所学的知识融会贯通，从而更有效地应用于实际情境中。这不仅有助于提高学生的学习效果，还能增强他们对知识的理解和应用。

跨学科教育管理有利于培养学生的综合素养和全球视野。随着全球化的加速，不同领域之间的交流与合作日益频繁。具备跨学科知识和能力的学生能够更好地理解不同文化和学科背景下的观点和方法，增强跨文化交流与合作的能力。他们能够从更宏观的角度看待问题，考虑到各种因素的相互作用，从而形成更全面、更深入的认识。这种综合素养和全球视野使他们在未来的国际竞争中更具优势。

除此之外，跨学科教育管理对学科的发展也具有积极的推动作用。不同学科之间的交叉和融合能够为学科的创新和发展注入新的活力。通过跨学科的研究和合作，学科能够突破自身的发展瓶颈，开拓新的研究领域和方向。与此同时，跨学科教育管理能够吸引更多不同背景的学生和学者参与到学科的研究和发展中来，丰富学科的研究方法和理论体系，促进学科的不断进步。

以医学教育为例，传统的医学教育主要侧重于医学专业知识的传授。随着医学领域的不断发展，人们逐渐认识到仅仅掌握医学知识是远远不够的。现代医学问题往往涉及生物学、化学、物理学、心理学、社会学等多个学科。因此，跨学科的医学教育管理模式应运而生。在这种模式下，医学生不仅要学习医学专业课程，还要学习生物学、化学等基础科学课程，以及心理学、社会学等人文社科课程。通过这种跨学科的教育管理，医学生能够更好地理解疾病的发生机制、患者的心理和社会需求，从而提供更全面、更人性化的医疗服务。

跨学科教育管理对于培养创新型人才、促进知识融合、提升学生综合素养、推动学科发展以及应对现实社会问题都具有不可忽视的重要意义。它是教育管理创新的重要方向，也是未来教育发展的必然趋势。

二、综合性教育管理的优势

综合性教育管理是一种将多种教育元素和管理策略有机整合的教育管理模式，其具有多方面的显著优势。

综合性教育管理能够提供全面的教育体验。传统的教育管理往往侧重于某一方面，如知识传授或行为规范。而综合性教育管理则将知识学习、技能培养、品德塑造、心理健康、社会实践等多个方面纳入统一的管理框架。这意味着学生能够在一个全面、协调的环境中成长，得到全方位的发展支持。例如，在课程设置上，不仅有学术课程，还有艺术、体育、劳动教育等课程；在教育活动中，既注重课堂教学，也开展课外实践、社团活动和志愿服务等。这种全面的教育体验有助于培养学生的综合素质，使他们成为既有扎实知识基础，又有良好品德修养、健康身心和实践能力的全面发展的人才。

综合性教育管理有助于实现教育资源的优化配置。在教育过程中，人力、物力、财力等资源的合理分配至关重要。综合性教育管理能够打破部门之间的壁垒，实现资源的整合与共享。例如，学校的图书馆、实验室、体育馆等设施可以在不同学科和活动中得到充分利用，避免资源的闲置和浪费。教师的专业特长也可以在不同的课程和项目中得到发挥，提高人力资源的使用效率。与此同时，通过综合性的规划和协调，可以将有限的教育经费投入到最需要的地方，提高资金的使用效益。

综合性教育管理能够更好地适应学生的个体差异。每个学生都有独特的兴趣、能力和学习需求。综合性教育管理通过提供多样化的课程选择、教学方法和评价方式，满足不同学生的发展需求。例如，对于学习能力较强的学生，可以提供更具挑战性的拓展课程；对于动手能力较强的学生，可以加强实践教学环节。与此同时，综合性教育管理还能够关注学生在不同阶段的发展变化，及时调整教育策略，为学生提供个性化的支持和指导。

综合性教育管理有利于培养学生的综合能力和综合素质。在当今社会，仅仅掌握单一的知识或技能已经难以适应复杂多变的环境。综合性教育管理注重培养学生的批判性思维、创新能力、沟通协作能力、解决问题能力等综合能力。通过跨学科的学习、项目式学习和综合性的实践活动，学生能够将不同领域的知识和技能整合运用，提高综合解决问题的能力。与此同时，综合性教育管理还注重培养学生的社会责任感、团队合作精神和全球视野，使他们成为具有社会担当和国际竞争力的人才。

综合性教育管理能够促进学校与社会的紧密联系。教育不仅仅是学校内部的事情，还需要与社会各界密切合作。综合性教育管理能够整合学校、家庭、社区和企业等各方资源，为学生提供更丰富的教育机会和实践平台。例如，学校可以与企业合作开展实习实训项目，让学生了解行业动态和职业需求；与社区合作开展文化传承和社会服务活动，培养学生的社会责任感。这种紧密的联系能够使教育更加贴近实际生活，提高教育的实用性和针对性。

以一所综合性高校为例，学校采用了综合性教育管理模式。在课程设置上，除了常规的文理学科课程，还开设了艺术鉴赏、科技创新、职业规划等课程。与此同时，学校组织了丰富多彩的社团活动，如机器人社团、戏剧社团、环保社团等。在教学方法上，采用了小组合作学习、探究式学习和项目式学习等多种方式。在评价方面，不仅关注学生的学业成绩，还注重学生在课堂表现、社团活动、社会实践等方面的综合表现。通过这种综合性教育管理，学生的综合素质得到了显著提升，学校的教育质量也得到了社会的广泛认可。

综合性教育管理通过提供全面的教育体验、优化资源配置、适应个体差异、培养综合能力和加强与社会的联系等方面的优势，为学生的成长和发展创造了更有利的条件，是一种符合时代需求和教育发展趋势的管理模式。

三、跨学科与综合性创新的成功经验

在教育领域，跨学科与综合性创新的成功案例不断涌现，为我们提供了宝贵的经验和启示。

例如，美国麻省理工学院（MIT）的媒体实验室就是跨学科与综合性创新的典范。该实验室汇聚了来自计算机科学、工程学、物理学、心理学、艺术等多个领域的专家和学生，共同开展前沿的研究和创新项目。在这里，不同学科背景的人员相互合作，打破传统学科界限，探索新的知识领域和应用场景。比如，他们开展的"可穿戴计算"项目，融合了计算机技术、材料科学、人体工程学和设计艺术等多个学科的知识，开发出了具有创新性的可穿戴设备。这种跨学科与综合性的创新模式，使得媒体实验室在科技、艺术和设计等领域取得了一系列令人瞩目的成果。

另一个成功的例子是芬兰的教育体系。芬兰的教育强调综合性学习和跨学科教学。在课程设计上，他们注重将不同学科的知识和技能整合到一个主题或项目中，让学生在解决实际问题的过程中学习。例如，在一个关于"可持续城市发展"的项目中，学生需要综合运用数学、科学、地理、历史和社会科学等学科的知识，分析城市发展中的问题，并提出解决方案。与此同时，芬兰的教师具有较高的自主权和专业素养，能够根据学生的需求和兴趣灵活调整教学内容和方法。这种综合性和跨学科的教育模式，使得芬兰在国际教育评估中一直名列前茅，培养出了大批具有创新精神和综合能力的学生。

在国内，一些高校也在积极探索跨学科与综合性创新的教育模式。比如，清华大学的"学堂计划"，旨在培养具有创新能力和国际视野的拔尖人才。该计划通过整合多个学科的优质资源，为学生提供个性化的培养方案和跨学科的课程体系。学生可以在导师的指导下，参与跨学科的科研项目和实践活动，提升自己的综合能力和创新思维。

除此之外，一些中小学也开始尝试开展跨学科的主题教学和综合性实践活动。例如，某小学开展了"校园农场"项目，学生们在老师的指导下，通过种植农作物、观察记录生长过程、计算收成等活动，将数学、科学、语文、劳动教育等学科知识有机结合起来，不仅提高了学习兴趣和效果，还培养了实践能力和团队合作精神。

这些成功经验给我们带来了以下启示：首先，要建立开放和包容的教育环境，鼓励不同学科背景的人员交流合作。这需要打破学科之间的壁垒，营造鼓励创新和冒险的文化氛围。其次，需要强有力的领导和管理机制，协调各方资源，保障跨学科与综合性项目的顺利实施。再者，教师的培训和发展至关重要。教师需要具备跨学科的知识和教学能力，能够引导学生进行综合性的学习和思考。要注重学生的主体地位，激发学生的兴趣和主动性，让他们在跨学科与综合性的学习中发挥自己的创造力和潜力。

跨学科与综合性创新的成功经验表明，这种教育模式能够培养出适应未来社会发展需求的创新型人才。我们应积极借鉴这些经验，不断推动教育管理的创新和发展，为学生提供更优质、更具前瞻性的教育。

四、高校跨学科与综合性管理的实施难点

在当今知识经济和创新驱动发展的时代背景下，高校跨学科与综合性管理成为提升教育质量、培养创新人才的重要途径。在实际实施过程中，却面临着诸多难点和挑战。

（一）学科壁垒长期存在

长期以来，高校的学科划分较为明确，形成了相对独立的学科体系和研究领域。不同学科之间在知识体系、研究方法、学术文化等方面存在较大差异，导致学科之间的交流与合作存在障碍。这种学科壁垒的固化使得跨学科研究和综合性管理难以突破传统的学科界限，资源难以共享，知识难以融合。

例如，在一些高校中，理工科和人文社科之间的交流甚少，理工科注重实验和数据，而人文社科强调理论和思辨，双方在研究方法和思维方式上的差异使得合作困难重重。除此之外，学科内部的评价体系和利益分配机制也往往不利于跨学科的发展，教师和研究人员更倾向于在本学科领域内开展工作，以获得职称晋升和科研资源。

（二）管理体制的制约

高校现行的管理体制通常是以院系为单位进行组织和管理，这种垂直化的管理结构在一定程度上限制了跨学科与综合性管理的实施。不同院系之间存在着资源分配、权力划分等方面的矛盾，导致跨学科项目在组织协调、资源整合等方面面临诸多困难。

在资源分配方面，学校的经费、设备、师资等往往按照学科归属进行分配，跨学科项目难以获得足够的支持。与此同时，学校的行政管理部门在制定政策和规划时，往往缺乏对跨学科发展的统筹考虑，使得跨学科研究和教育在制度上缺乏保障。

例如，一个涉及多个院系的跨学科研究项目，需要协调各方的资源和利益，但由

于各院系之间的管理体制不同，沟通协调成本较高，容易导致项目进展缓慢甚至夭折。

（三）课程体系的局限

高校的课程体系大多是基于单一学科构建的，缺乏对跨学科知识和技能的系统整合。课程设置较为固定，难以满足学生跨学科学习的需求。在教学内容上，各学科之间缺乏有机联系，学生难以形成综合性的知识结构和思维方式。

除此之外，课程的教学方法也较为传统，注重知识的传授，忽视了学生创新能力和跨学科思维的培养。在考核评价方面，以单一学科的标准来衡量学生的学习成果，不利于跨学科学习的激励和引导。

例如，学生在学习某一专业课程时，很难将其与其他相关学科的知识进行联系和应用，导致知识的碎片化和应用能力的不足。

（四）师资队伍的困境

跨学科与综合性管理需要具备跨学科背景和能力的师资队伍，但目前高校教师大多在单一学科领域内接受教育和开展研究，缺乏跨学科的知识和经验。教师在职称评定、科研项目申报等方面也受到学科限制，使得他们缺乏开展跨学科研究和教学的动力。

与此同时，高校在引进人才时，往往侧重于单一学科的专业人才，对跨学科人才的引进和培养重视不够。这导致师资队伍的结构不完善，难以满足跨学科与综合性管理的需求。

例如，一个跨学科的研究项目需要组建团队，但由于缺乏具有跨学科背景的教师，很难找到合适的人选来承担相关的研究任务。

（五）评价机制的不完善

高校现有的评价机制主要以学科为基础，对教师的科研成果、教学质量等进行评价。这种评价机制侧重于单一学科的学术成果，对跨学科研究和教学的成果评价不够科学和全面。在科研评价方面，跨学科研究的成果往往难以在传统的学科评价体系中得到认可，影响了教师开展跨学科研究的积极性。

在教学评价方面，对学生跨学科学习的效果评价缺乏有效的指标和方法，难以准确衡量学生的跨学科能力和综合素质。例如，教师在跨学科课程教学中的创新和努力难以得到充分肯定，学生在跨学科学习中的收获也难以得到准确评估。

（六）文化氛围的缺失

高校的学术文化氛围在一定程度上影响着跨学科与综合性管理的实施。长期以来形成的学科本位主义文化，使得教师和学生更关注本学科的发展，对跨学科研究和学习缺乏足够的重视和兴趣。在校园文化活动中，也缺乏对跨学科交流与合作的宣传和引导，难以形成鼓励创新和跨学科发展的文化氛围。

例如，学术讲座、研讨会等活动大多局限于单一学科领域，跨学科的交流活动较少，不利于师生拓宽视野和激发创新思维。

（七）案例分析

以某高校的环境与可持续发展研究中心为例，该中心旨在整合生态学、环境科学、经济学、社会学等多学科的力量，开展跨学科研究和人才培养。在实际运行过程中，遇到了诸多问题。

1. 各学科之间的研究方法和数据难以兼容，导致研究进展缓慢。例如，生态学的实验数据和经济学的模型分析难以有效结合，需要花费大量时间进行数据转换和方法协调。

2. 在师资方面，虽然有来自不同学科的教师参与，但由于缺乏跨学科的培训和合作经验，团队协作效果不佳。部分教师仍然习惯于从本学科的角度出发思考问题，难以形成真正的跨学科研究思路。

3. 在课程设置上，虽然开设了跨学科的课程，但由于缺乏系统的规划和整合，课程内容之间存在重复和脱节的现象，学生在学习过程中感到困惑。

4. 在评价机制方面，学校对该中心的成果评价仍然侧重于单一学科的标准，使得中心的教师在职称晋升和科研奖励方面面临困难，影响了工作积极性。

（八）应对策略与展望

为了克服高校跨学科与综合性管理的实施难点，需要采取一系列的策略和措施。

1. 加强学科之间的交流与融合，打破学科壁垒。可以通过举办跨学科研讨会、学术沙龙等活动，促进不同学科的教师和学生之间的交流与合作。

2. 改革管理体制，建立跨学科的协调机构和管理机制。例如，成立跨学科研究中心、综合学院等，统筹协调跨学科项目的资源分配和组织管理。

3. 优化课程体系，构建跨学科的课程模块和教学平台。鼓励教师开展跨学科课程的开发和教学，培养学生的跨学科思维和综合能力。

4. 加强师资队伍建设，通过引进和培养跨学科人才、开展跨学科培训等方式，提高师资队伍的跨学科水平。

除此之外，完善评价机制，建立科学合理的跨学科评价指标和方法，充分肯定跨学科研究和教学的成果。营造鼓励创新和跨学科发展的文化氛围，通过宣传引导、政策支持等方式，激发师生参与跨学科研究和学习的积极性。

随着社会对创新人才需求的不断增加，高校跨学科与综合性管理将越来越受到重视。通过克服实施难点，不断探索和创新，高校将能够更好地培养具有跨学科视野和综合能力的高素质人才，为社会的发展和进步做出更大的贡献。

五、高校培养跨学科综合型人才的方法

在当今科技飞速发展、社会需求日益复杂多样的背景下，跨学科综合型人才成为推动创新和解决复杂问题的关键力量。高校作为人才培养的重要基地，肩负着培养跨学科综合型人才的重要使命。以下将探讨高校培养跨学科综合型人才的多种有效方法。

（一）构建跨学科课程体系

高校应打破传统学科界限，设计具有整合性和交叉性的课程体系。开设跨学科课程，如"生物化学与物理学交叉前沿""艺术与科技的融合"等，让学生在一门课程中接触到多个学科的知识和方法。

例如，设置"环境与社会发展"课程，融合环境科学、社会学、经济学等学科的内容，探讨环境问题与社会发展之间的相互关系。通过这种课程，学生能够了解不同学科如何从各自的角度看待和解决同一问题，培养综合分析和解决问题的能力。

与此同时，建立课程模块，学生可以根据自己的兴趣和发展方向选择不同学科的课程模块进行组合，形成个性化的学习路径。比如，对于对人工智能与医疗感兴趣的学生，可以选择"计算机科学基础""医学统计学""生物医学信号处理"等课程模块。

（二）推行跨学科教学方法

采用项目式学习、问题导向学习等教学方法，促进学生跨学科思维的形成。以实际问题或项目为驱动，让学生组建跨学科团队进行合作探究。

比如，给出"城市交通拥堵解决方案"的项目，要求来自交通工程、计算机科学、管理学等专业的学生共同合作。在这个过程中，学生需要运用各自学科的知识和技能，共同分析问题、提出方案，并进行实践验证。

开展案例教学，选取具有跨学科性质的实际案例进行分析和讨论。例如，以某一复杂的企业并购案例为基础，引导学生从财务、法律、管理等多个角度进行分析，培养学生的跨学科思维和综合应用能力。

除此之外，利用现代信息技术，开展线上线下混合式教学，为学生提供跨学科学习的资源和平台。

（三）加强跨学科师资队伍建设

鼓励教师开展跨学科研究和教学合作，通过跨学科的学术交流和项目合作，提升教师的跨学科能力。

例如，建立跨学科研究团队，让来自不同学科的教师共同承担科研项目，在研究过程中相互学习和交流。与此同时，为教师提供跨学科培训和进修的机会，支持教师参加跨学科的学术会议和研讨活动。

引进具有跨学科背景的教师，充实师资队伍。在招聘教师时，注重其跨学科的教育背景和研究经历，为学生带来多元化的学术视野和思维方式。

（四）开展促进学科交叉融合的实践活动

组织学生参与学科交叉的实践活动，如创新创业竞赛、科研实践项目等。在这些活动中，学生需要整合不同学科的知识和技能，以创新的方式解决实际问题。

比如，举办"跨学科创新创业大赛"，要求学生提交跨学科的创新项目方案，并进行展示和评比。通过比赛，激发学生的创新热情和跨学科合作精神。

建立跨学科实验室和研究中心，为学生提供实践平台。例如，成立"智能材料与制造研究中心"，吸引材料科学、机械工程、电子工程等专业的学生参与实验和研究工作。

开展产学研合作，让学生参与企业的实际项目，了解行业需求和跨学科应用的实际场景。

（五）建立灵活的培养机制

实行主辅修制度，允许学生在主修专业的基础上，选择一个或多个辅修专业，拓宽知识面。

例如，学生主修计算机科学专业，可以辅修心理学，将计算机技术应用于心理研究和干预领域。

推行双学位制度，鼓励学生同时攻读两个不同学科的学位，培养跨学科的专业能力。

建立学分转换制度，对于学生在跨学科课程和活动中获得的学分予以认可和转换，激励学生积极参与跨学科学习。

除此之外，设置跨学科专业，如"生物信息学""金融工程"等，为学生提供系统的跨学科教育。

（六）营造跨学科的校园文化氛围

举办跨学科学术讲座、论坛和研讨会，邀请不同学科领域的专家学者分享前沿研究成果和跨学科研究经验。

例如，定期举办"跨学科前沿论坛"，涵盖自然科学、社会科学、人文艺术等多个领域，促进师生之间的跨学科交流和思想碰撞。

开展跨学科社团活动，如跨学科读书俱乐部、跨学科兴趣小组等，为学生提供跨学科交流和合作的平台。

创造跨学科学习空间，如图书馆的跨学科研究区域、学生活动中心的跨学科讨论室等，营造有利于跨学科学习和交流的环境。

（七）案例分析

某高校的"未来城市创新实验室"是一个成功培养跨学科综合型人才的案例。该实验室整合了建筑学、土木工程、信息技术、环境科学等多个学科的师资和资源，面向全校学生开放。

学生通过申请进入实验室，参与实际的城市规划和建设项目。在项目中，学生组成跨学科团队，共同完成从需求调研、方案设计到实施评估的全过程。教师则作为导师，提供指导和支持。

通过这种实践，学生不仅学到了多学科的知识和技能，还培养了团队合作、沟通协调和创新能力。许多毕业生在城市规划、建筑设计、智能交通等领域取得了突出成绩。

在培养跨学科综合型人才的过程中，高校也面临一些挑战，如学科之间的协调难度较大、教学资源分配不均衡、评价体系不完善等。

随着社会对跨学科人才需求的不断增加，高校将不断探索和创新培养方法。未来，有望看到更多的高校打破学科壁垒，建立更加完善的跨学科教育体系，培养出更多适应时代发展需求的跨学科综合型人才，为解决全球性的复杂问题和推动社会进步做出更大的贡献。

第五节　全球化背景下的教育管理国际化

一、教育管理国际化的趋势

在全球化的浪潮下，教育管理国际化已成为不可阻挡的趋势。这一趋势反映了世界各国在教育领域日益紧密联系与交流，以及对优质教育资源共享和人才全球流动的追求。

教育管理国际化首先表现在教育理念的全球融合。不同国家和地区的教育理念相互借鉴、相互影响。例如，欧美国家强调的个性化教育、创新能力培养以及批判性思维的发展，逐渐被其他国家所关注和吸收；而亚洲国家注重的基础知识扎实、纪律性和勤奋努力的教育观念，也在一定程度上影响了西方国家的教育实践。这种理念的融合促使各国教育管理者重新审视和调整自己的教育目标和方法，以培养适应全球竞争的人才。

课程设置的国际化是教育管理国际化的另一个重要表现。越来越多的学校开始引入国际课程，如国际文凭课程（IB）、剑桥国际课程等。这些课程不仅涵盖了全球范围内的知识和文化，还注重培养学生的国际视野和跨文化交流能力。与此同时，各国的本土课程也在不断更新和完善，增加了国际元素，如国际政治、经济、文化等方面的内容。除此之外，一些专业课程也开始遵循国际标准和行业规范，以提高学生在国际就业市场上的竞争力。

师资队伍的国际化是教育管理国际化的关键因素。学校纷纷招聘具有国际教育背景和经验的教师，他们能够带来不同国家的教育理念和教学方法，丰富教学内容和形式。与此同时，教师之间的国际交流和合作也日益频繁，通过参加国际学术会议、合作研究项目等方式，分享经验、共同进步。除此之外，教师培训也越来越注重国际化，鼓励教师提升自己的外语水平和跨文化教育能力。

学生流动的国际化趋势愈发明显。越来越多的学生选择出国留学，以获取更多的教育资源和更广阔的发展空间。与此同时，国际交换生项目、短期游学项目等也蓬勃发展，为学生提供了更多体验不同国家教育和文化的机会。这种学生的跨国流动不仅促进了知识和文化的交流，也培养了学生的全球意识和适应能力。

教育合作与联盟在全球范围内不断涌现。各国的学校、教育机构之间建立了广泛的合作关系，开展联合办学、学分互认、科研合作等活动。例如，一些高校之间建立了国际合作办学项目，学生可以在不同国家的校区学习，获得双学位或联合学位。除此之外，国际教育组织和协会在推动教育管理国际化方面发挥了重要作用，它们制定标准、提供交流平台，促进各国教育的协同发展。

教育技术的国际化应用也在加速。随着信息技术的发展，在线教育、远程教育等打破了地域限制，使优质教育资源能够在全球范围内传播。例如，大规模开放在线课程（MOOC）平台吸引了来自世界各地的学生参与学习，数字图书馆、虚拟实验室等资源也为全球学习者提供了便利。教育技术的国际化不仅改变了教学方式，还促进了教育公平的实现。

以高等教育为例，世界知名大学之间的竞争已经从国内扩展到全球。为了吸引优秀的国际学生和教师，提高学校的国际声誉，大学纷纷制定国际化战略，加强国际合作与交流。与此同时，一些新兴经济体的高校也在积极追赶，通过国际化提升自身的教育质量和科研水平。

教育管理国际化的趋势在教育理念、课程设置、师资队伍、学生流动、教育合作和教育技术等方面都有体现，这对各国的教育管理提出了新的挑战和机遇。

二、国际化对教育管理的具体要求

在全球化的大背景下，教育管理的国际化趋势对教育管理者提出了一系列具体而严格的要求。

教育管理者需要具备全球视野和跨文化理解能力。他们要了解不同国家和地区的教育体系、政策法规、文化传统以及教育市场的需求。能够站在全球的角度思考教育问题，把握国际教育发展的动态和趋势。例如，在制定学校的发展战略时，要考虑到国际教育竞争的格局以及本校在国际教育舞台上的定位。

具备国际教育标准和质量保障意识是至关重要的。国际上存在着一系列被广泛认可的教育标准和质量评估体系，如国际学校认证机构（CIS）、美国西部学校与学院教育联盟（WASC）等。教育管理者需要掌握这些标准，并将其融入学校的教育管理中，以确保教育质量达到国际水平。这意味着要建立完善的教学质量监控机制，定期对教学过程和成果进行评估和改进。

语言能力也是教育管理者不可或缺的一项要求。流利的英语或其他主要国际语言是与国际教育界进行有效沟通和交流的基础。能够准确理解和传达国际教育领域的信息，与国际合作伙伴进行商务谈判、签订合作协议，以及参与国际教育会议和论坛，发表自己的见解和观点。

　　教育管理者还需要具备创新和变革管理能力。国际化带来了新的教育理念、教学方法和管理模式，管理者要敢于突破传统，积极引入和应用这些新的元素。例如，推动学校的课程改革，引入国际先进的教学方法，如项目式学习、探究式学习等。与此同时，要善于处理变革过程中可能出现的各种问题和阻力，确保学校能够顺利实现转型和升级。

　　资源整合与国际合作能力对于教育管理者来说至关重要。他们需要在全球范围内寻找优质的教育资源，包括师资、课程、教材、科研项目等，并将其引入到本校的教育教学中。与此同时，要积极拓展国际合作渠道，与国外的学校、教育机构建立长期稳定的合作关系，开展联合办学、师生交流、学术合作等项目。在合作过程中，要善于协调各方利益，确保合作的顺利进行和可持续发展。

　　除此之外，教育管理者还需要关注学生的国际发展需求。了解国际就业市场的需求和趋势，为学生提供个性化的职业规划指导和国际交流机会。帮助学生培养跨文化沟通能力、国际竞争力和全球视野，使他们能够在毕业后顺利融入国际社会。

　　以一所中等职业学校为例，为了实现教育管理的国际化，管理者积极与国外的职业教育机构建立合作关系，引进国际先进的职业教育课程和教学方法。与此同时，组织教师参加国际培训和学术交流活动，提高教师的国际化水平。除此之外，学校还鼓励学生参加国际职业技能竞赛，提升学生的国际竞争力。通过这些努力，学校的教育质量和国际声誉得到了显著提升。

　　国际化对教育管理提出了多方面的要求，教育管理者需要不断提升自己的能力和素质，以适应这一发展趋势，推动学校的国际化进程。

三、应对教育管理国际化的策略

　　在教育管理国际化的浪潮中，教育机构和管理者需要制定一系列有效的策略来应对挑战、抓住机遇，实现教育质量的提升和国际竞争力的增强。

　　加强国际交流与合作是关键策略之一。学校和教育机构应积极主动地与国外的同类机构建立合作伙伴关系。这可以包括开展学生交换项目，让学生在不同的文化和教育环境中学习和成长，拓宽视野，培养跨文化交流能力。与此同时，教师之间的交流也至关重要。通过教师互访、共同开展教学研究项目等活动，促进教学方法和教育理念的交流与融合。例如，与国外知名学校签订合作备忘录，定期互派师生交流访问，共同举办学术研讨会等。

　　提升教育质量和国际化课程建设是核心策略。教育机构要不断优化教学内容和方法，引入国际先进的教育理念和课程体系。例如，开设国际认可的课程，如国际文凭课程（IB）、A－Level 课程等，或者将国际元素融入本土课程中，培养学生的全球视野和国际竞争力。与此同时，加强课程的质量评估和认证，确保课程符合国际标准。

　　打造国际化的师资队伍是重要保障。一方面，加大对现有教师的培训力度，提供出国培训、参加国际学术会议等机会，提升教师的国际化教育水平和外语能力。另一方面，积极引进具有国际教育背景和经验的优秀教师，充实师资队伍。除此之外，建立教师激励机制，鼓励教师开展国际化教学研究和实践。

推动教育信息化建设是应对教育管理国际化的有力手段。利用现代信息技术，如在线教育平台、远程教育资源等，打破时空限制，实现优质教育资源的全球共享。与此同时，借助教育信息化手段，加强与国际教育机构的在线交流与合作，提高教育管理的效率和透明度。

加强国际学生招生与服务也是重要策略之一。制定有吸引力的国际学生招生政策，优化招生流程，提供完善的入学指导和生活服务。与此同时，为国际学生创造多元文化融合的学习环境，促进不同文化背景学生之间的交流与合作。这不仅有助于增加学校的国际影响力，还能丰富校园文化。

开展国际教育研究与政策制定是引领教育管理国际化的方向标。教育机构和管理者应密切关注国际教育领域的研究成果和政策动态，结合自身实际情况，制定具有前瞻性和适应性的教育发展战略和政策。例如，成立国际教育研究中心，跟踪国际教育趋势，为学校的国际化发展提供决策依据。

建立有效的质量保障和评估机制是确保教育管理国际化成效的关键。参照国际通行的质量标准，建立内部质量保障体系，对教育教学过程进行全程监控和评估。与此同时，积极参与国际教育质量认证，提高学校的国际声誉和认可度。

以一所综合性大学为例，为了应对教育管理国际化，学校加强了与世界一流大学的合作，联合培养研究生；优化了课程设置，引入了多门国际前沿课程；加大了对教师国际化培训的投入，吸引了一批海外高层次人才；建设了数字化教学平台，实现了与国外高校的课程共享；完善了国际学生服务体系，提高了国际学生的招生数量和质量；成立了国际教育研究团队，为学校的国际化发展提供了科学的决策支持。通过这些策略的综合实施，学校在教育管理国际化方面取得了显著成效，提升了学校的国际知名度和影响力。

应对教育管理国际化需要综合运用多种策略，从不同方面入手，形成协同效应，推动教育机构在国际教育舞台上取得更好的发展。

四、国际教育标准与本土实践的结合

在当今全球化的时代，教育领域也日益呈现出国际化的趋势。国际教育标准为各国教育提供了可借鉴的框架和基准，如何将这些标准与本土实践有机结合，是一个值得深入探讨的重要课题。

（一）国际教育标准的内涵与意义

国际教育标准通常涵盖了教育质量、课程设置、教学方法、评估体系等多个方面。这些标准是基于国际上先进的教育理念和经验制定的，旨在促进教育的公平性、有效性和可持续性。

遵循国际教育标准有助于提升教育质量。通过与国际接轨，学校能够借鉴先进的教学模式和管理经验，优化教育资源配置，提高教学效果。与此同时，国际教育标准能够促进教育公平。确保不同地区、不同背景的学生都能接受到相对一致的高质量教育，减少教育差距。

除此之外，国际教育标准还有助于增强教育的国际竞争力。使本国的教育体系在国际上更具吸引力，吸引更多的国际学生和优质教育资源，促进教育的国际化交流与合作。

（二）本土实践的特点与价值

本土实践是指在特定的国家或地区，根据当地的文化、社会、经济背景以及教育传统所形成的教育实践方式。本土实践往往反映了当地的独特需求和特色。

例如，在中国，重视基础知识的传授、强调集体主义和尊师重道的文化传统在教育中有着深刻体现。而在一些西方国家，注重培养学生的批判性思维和创新能力，鼓励学生自主探索和个性化发展。本土实践的价值在于它能够满足当地社会和经济发展的需求。教育是为了培养适应社会发展的人才，本土实践能够根据当地的产业结构、就业市场等情况，有针对性地培养学生的实际能力。与此同时，本土实践能够传承和弘扬当地的文化和价值观，增强民族认同感和文化自信。

（三）结合的必要性与挑战

将国际教育标准与本土实践相结合是必要的。一方面，国际教育标准为本土教育提供了新的思路和方法，有助于推动教育改革和创新。另一方面，本土实践为国际教育标准的落地提供了土壤和基础，使其更具有适应性和可行性。

在结合的过程中也面临着诸多挑战。文化差异是一个重要因素。不同的文化背景会导致对教育目标、教学方法等方面的理解和接受程度不同。例如，西方教育中强调的个人主义与一些东方国家注重的集体主义之间可能存在冲突。

教育体制和政策的差异也会带来困难。不同国家的教育体制、课程设置、考试制度等都有所不同，如何在遵循国际教育标准的同时，与本土的教育体制相协调是一个复杂的问题。

除此之外，师资队伍的素质和能力也是一个挑战。教师需要具备理解和应用国际教育标准的能力，同时又要能够结合本土实际进行教学创新。

（四）结合的策略与方法

为了实现国际教育标准与本土实践的有效结合，需要采取一系列的策略和方法。

1. 进行深入的比较研究

对国际教育标准和本土实践进行全面、系统的对比分析，找出两者的共同点和差异点，为结合提供依据。

2. 开展本土化的课程改革

在遵循国际教育标准的基础上，根据本土的文化、社会需求和学生特点，对课程内容、教学方法进行调整和创新。例如，在引进国际课程的同时，融入本地的案例和实践活动。

3. 加强师资培训

通过培训，提高教师对国际教育标准的理解和应用能力，同时培养教师的文化敏感性和创新意识，使他们能够在教学中结合本土实际灵活运用国际标准。

4. 建立有效的评估机制

既要评估教育是否符合国际教育标准的要求，也要评估是否满足了本土的发展需求，及时发现问题并进行调整。

（五）成功案例分析

以新加坡为例，该国在教育发展过程中积极借鉴国际教育标准，同时注重结合本土特色。在课程设置上，引入了国际先进的科学、技术、工程和数学（STEM）教育理念，同时强调培养学生的道德价值观和社会责任感，以适应新加坡社会的需求。

在教学方法上，借鉴西方的探究式学习方法，同时注重基础知识的巩固和练习。通过这些结合措施，新加坡的教育在国际上取得了显著的成绩，学生在国际评估中表现出色。

另一个例子是中国的一些国际学校。它们在遵循国际课程标准的同时，注重融入中国传统文化元素，开设中文课程、书法课程等，培养学生的文化认同感。与此同时，根据中国学生的学习特点，适当调整教学进度和教学方法，取得了良好的教学效果。

（六）未来展望

随着全球化的深入发展，国际教育标准与本土实践的结合将越来越重要。未来，我们有望看到更多的国家和地区在教育领域开展深入的国际合作与交流，共同探索更加有效的结合模式。

与此同时，随着信息技术的发展，线上教育将为国际教育标准的传播和本土实践的交流提供更加便捷的平台。教育工作者将能够更加容易地获取国际教育资源，分享本土经验，促进教育的共同发展。

国际教育标准与本土实践的结合是一个不断探索和创新的过程。只有通过合理的策略和方法，充分发挥两者的优势，才能实现教育的高质量发展，为培养具有国际视野和本土特色的人才奠定坚实的基础。

五、国际教育合作中的管理问题与解决

随着全球化的加速和教育国际化的推进，国际教育合作日益频繁。在这一过程中也涌现出了一系列管理问题，需要我们认真思考和妥善解决。

（一）文化差异与沟通障碍

不同国家和地区有着各自独特的文化背景、价值观和教育理念，这在国际教育合作中往往会导致文化冲突和误解。例如，在教学方法上，有些国家注重教师的主导作

用，而另一些国家则强调学生的自主学习；在评价方式上，有的倾向于标准化考试，有的则更看重过程性评价和综合能力。

语言沟通障碍也是一个突出问题。尽管英语在国际交流中广泛使用，但语言的熟练程度和文化内涵的理解差异仍可能影响信息的准确传递和理解。这可能导致合作中的误解、工作效率低下以及合作关系的紧张。

（二）政策法规与质量保障

各国的教育政策法规存在差异，这给国际教育合作带来了诸多不确定性。合作项目可能会受到双方国家政策变动的影响，如招生政策、学历认证政策等。除此之外，不同国家对于教育质量的标准和评估方式也不尽相同，如何确保合作项目的教育质量符合双方的要求是一个关键问题。

在质量保障方面，缺乏统一的国际标准和有效的监管机制。一些合作项目可能存在课程设置不合理、教学质量参差不齐、师资水平不达标等问题，影响了学生的发展与合作的质效。

（三）合作模式与利益分配

国际教育合作的模式多种多样，如联合办学、学分互认、师资交流等。不同的合作模式在管理架构、责任划分和资源配置等方面存在差异，容易引发管理混乱和矛盾。

利益分配也是合作中的一个敏感问题。合作双方可能在学费收入、科研成果转化、品牌资源利用等方面存在分歧，如果不能妥善解决，会影响合作的稳定性和可持续性。

（四）师资管理与学生服务

对于参与国际教育合作的师资，存在着招聘、培训、考核和管理等方面的问题。外籍教师需要适应新的工作环境和教学要求，本土教师也需要提升跨文化教学能力。与此同时，如何对师资的教学质量进行有效评估和监督也是一个挑战。

在学生服务方面，要满足来自不同文化背景学生的需求，包括学习辅导、生活支持、心理健康咨询等。由于文化和教育背景的差异，学生在适应新的学习环境和教学方式上可能会遇到困难，需要提供有针对性的帮助和指导。

（五）解决策略与措施

加强文化交流与培训是解决文化差异和沟通障碍的有效途径。合作双方可以组织文化交流活动、开展跨文化培训课程，增进彼此的了解和尊重，提高跨文化沟通能力。

建立健全政策协调机制和质量保障体系对于应对政策法规和质量保障问题至关重要。双方应加强政策沟通和协调，制定明确的合作协议和质量标准，建立定期质量评估和监督的机制。

优化合作模式和明确利益分配原则有助于解决合作模式和利益分配问题。在合作前应充分协商，选择适合双方的合作模式，明确各方的权利和义务，制定公平合理的利益分配方案。

在师资管理方面，建立完善的师资招聘和培训体系，提供多样化的培训机会，促进师资的专业发展。与此同时，建立科学的考核评价机制，激励教师提高教学质量。对于学生服务，应建立一站式的学生服务中心，提供全方位、个性化的服务，加强对学生的关怀和引导。

（六）成功案例分析

以某高校与国外高校的联合办学项目为例，在项目启动前，双方进行了深入的文化交流和政策研究，制定了详细的合作协议和质量保障方案。在师资管理上，定期组织教师培训和交流活动，提高教师的教学水平和跨文化沟通能力。与此同时，设立了专门的学生服务部门，为学生提供从入学到毕业的全程服务，解决学生在学习和生活中遇到的问题。通过这些措施，该项目取得了良好的教学效果和社会声誉。

另一个案例是某国际教育集团，在多个国家开展教育合作项目。通过建立统一的质量标准和管理流程，优化合作模式和利益分配机制，有效解决了项目实施中的问题，实现了集团的规模化和可持续发展。

（七）未来趋势与展望

未来，国际教育合作将更加紧密和多样化，对管理水平的要求也将越来越高。随着信息技术的发展，线上教育合作将成为新的趋势，这将为解决地域限制、资源共享等问题提供新的途径。

与此同时，国际教育合作将更加注重可持续发展，不仅关注短期的经济效益，更要注重教育质量的提升、社会效益的实现和文化的交流融合。

在管理方面，将更加智能化和数据化，通过大数据分析和人工智能技术提高管理效率和决策科学性。除此之外，国际间的教育管理标准和规范也将逐渐形成，为国际教育合作提供更加稳定和有序的环境。

面对国际教育合作中的管理问题，我们需要不断探索创新，采取有效的解决策略，以推动国际教育合作健康、可持续发展，为培养具有全球视野和竞争力的人才做出更大的贡献。

第三章　高校学生教育管理的创新模式

为了适应创新驱动的发展要求，高校学生教育管理需要探索新的模式。其中，信息化管理模式是当前的一个重要趋势。通过利用互联网、大数据、人工智能等技术手段，高校可以实现对学生信息的精准采集和分析，提高教育管理的针对性和科学性。除此之外，协同育人模式也是一种创新的尝试。高校可以整合校内外的资源，与企业、社会组织等合作，共同开展学生教育管理工作，为学生提供更丰富的实践机会和社会资源。

第一节　"互联网＋"时代下的教育管理新模式

一、互联网对教育管理的影响

在当今的"互联网＋"时代，互联网技术以前所未有的速度和深度渗透到教育管理领域，带来了一系列深刻的影响。

互联网打破了教育管理的时空限制。传统的教育管理往往受到时间和空间的束缚，信息传递相对缓慢，管理决策的实施也存在滞后性。借助互联网，教育管理者可以随时随地获取和处理教育相关信息。例如，通过在线办公系统，管理者能够远程审批文件、安排工作任务，不再局限于在办公室内完成这些工作。学生和教师也可以通过网络平台随时提交申请、反馈问题，大大提高了管理的效率和响应速度。这种突破时空限制的特点，使得教育管理能够更加及时、灵活地应对各种情况。

互联网丰富了教育管理的资源和手段。网络上丰富的教育资源，如在线课程、教学视频、教育软件等，为教育管理提供了更多的工具和素材。管理者可以利用这些资源来优化教学安排、评估教学效果。与此同时，大数据技术的应用使得教育管理者能够对大量的教育数据进行收集、分析和挖掘。通过对学生的学习成绩、行为表现、兴趣爱好等数据的分析，管理者可以更准确地了解学生的需求和特点，从而制定更具针对性的教育管理策略。例如，通过分析学生的选课数据，学校可以合理调整课程设置，满足学生的兴趣和发展需求。

互联网促进了教育管理的民主化和透明化。网络平台为学生、教师和家长提供了更多参与教育管理的机会和渠道。他们可以通过在线论坛、问卷调查等方式发表意见和建议，参与学校的决策过程。这种民主化的参与机制，使得教育管理决策能够更加充分地反映各方的利益和需求，增强了管理的合理性和公信力。与此同时，互联网也使得教育管理的过程和结果更加透明。学校可以通过网站、社交媒体等渠道公开教育管理的相关信息，如规章制度、经费使用情况、教学质量评估结果等，接受社会的监督。

互联网改变了教育管理中的沟通方式。传统的教育管理沟通往往依赖于面对面的会议、电话和邮件等方式，信息传递的效率和范围有限。而在互联网时代，即时通信工具、视频会议系统、社交网络等使得沟通更加便捷、高效。教育管理者可以与教师、学生、家长进行实时的交流和互动，及时解决问题，增进彼此的理解和信任。例如，在疫情期间，视频会议软件成了学校开展教学管理工作的重要工具，保障了教育教学的正常进行。

互联网推动了教育管理的协同创新。不同地区、不同学校的教育管理者可以通过网络平台分享经验、交流合作，共同探索创新的教育管理模式和方法。例如，通过在线教育管理社区，管理者可以学习借鉴其他学校的成功案例，结合自身实际情况进行创新应用。与此同时，互联网也促进了教育管理与其他领域的融合，如与信息技术企业合作开发教育管理软件，与科研机构合作开展教育管理研究等，为教育管理带来了新的思路和方法。

互联网对教育管理的影响并非全是正面的。网络安全问题、信息过载、数字鸿沟等也给教育管理带来了挑战。例如，网络安全威胁可能导致教育管理数据泄露，影响学校的正常运转和学生的隐私安全；信息过载可能使管理者难以筛选出有价值的信息，影响决策的准确性；数字鸿沟可能导致部分地区和群体无法充分享受互联网带来的教育管理便利，加剧教育不公平。

互联网对教育管理的影响是全方位、深层次的。教育管理者应当充分认识到这些影响，积极利用互联网的优势，应对其带来的挑战，以推动教育管理的创新和发展。

二、"互联网＋"教育管理的特点

"互联网＋"时代的到来使教育管理呈现新的特点，使其与传统的教育管理模式有了显著的区别。

高度数字化是"互联网＋"教育管理的首要特点。在这种模式下，教育管理的各个环节都实现了数字化的转变。学生的学籍信息、学习成绩、奖惩记录等都以数字形式存储和管理，可以方便快捷地进行查询、统计和分析。教师的教学计划、教案、教学评价等也实现了数字化，便于交流和共享。学校的财务、资产、人事等管理工作同样通过数字化系统进行，提高了管理的效率和准确性。例如，通过数字化的学生管理系统，学校可以实时掌握学生的出勤情况、课程选修情况等，及时发现问题并采取措施。

智能化是"互联网＋"教育管理的又一突出特点。借助人工智能、大数据分析等技术，教育管理能够实现智能化的决策支持。系统可以根据学生的学习数据自动分析其学习状况，为教师提供个性化的教学建议，为学生制订个性化的学习计划。与此同时，智能化的排课系统可以根据教师和教室的资源情况，自动生成最优的课程安排。例如，通过智能化的考试分析系统，可以快速准确地评估学生的学习成果，找出教学中的薄弱环节，为教学改进提供依据。

开放性是"互联网＋"教育管理的重要特征。互联网打破了学校与外界的壁垒，使教育管理更加开放。学校可以与家长、社会机构等进行更紧密的合作和交流。家长可以通过网络平台实时了解学生的在校情况，参与学校的管理和决策。社会机构可以为学校提供更多的教育资源和服务。与此同时，学校也可以通过互联网向社会展示自己的教育成果和特色，提升学校的知名度和影响力。例如，一些学校通过网络直播的方式向家长开放课堂，让家长更好地了解教学过程。

实时性是"互联网＋"教育管理的显著特点之一。通过互联网技术，教育管理信息能够实时更新和传递。管理者可以第一时间了解到学校的各项情况，及时做出决策和调整。教师和学生也能够及时获取最新的通知和信息，避免了信息延误带来的问题。例如，在突发事件发生时，学校可以通过网络平台迅速发布通知，组织学生和教师采取相应的措施。

个性化服务是"互联网＋"教育管理的重要特点。基于大数据和人工智能技术，教育管理能够根据每个学生和教师的特点和需求，提供个性化的服务。例如，为学习困难的学生提供专门的辅导方案，为有特长的学生提供个性化的培养计划，为教师提供符合其教学风格和专业发展需求的培训课程。

动态性也是"互联网＋"教育管理的特点之一。教育管理不再是静态的、一成不变的，而是能够根据内外部环境的变化及时调整和优化。例如，根据学生的兴趣和社会需求的变化，动态调整课程设置和教学内容；根据教师的教学表现和学生的反馈，动态调整教学安排和师资配置。

"互联网＋"教育管理也面临一些挑战，如技术更新换代快、数据安全风险高、教师和管理者的信息技术素养有待提高等。但只要充分发挥其特点和优势，积极应对挑战，"互联网＋"教育管理必将为教育事业的发展带来更大的助力。

三、"互联网＋"教育管理的实践

在"互联网＋"的时代背景下，教育管理领域的实践不断丰富和创新，为教育的发展带来了新的活力和机遇。

许多学校建立了一体化的数字化教育管理平台。这个平台整合了学生管理、教学管理、行政管理等多个模块。在学生管理方面，实现了从招生、入学到毕业的全过程数字化管理。招生时，通过在线报名系统收集学生信息，进行资格审核；入学后，学生的课程选修、成绩查询、奖惩记录查询等都可以在平台上完成。在教学管理中，教师可以通过平台上传教学资料、布置作业、进行在线考试和评价。行政管理方面，人事管理、财务管理、设备管理等也都实现了信息化，提高了管理效率和透明度。例如，某中学使用的数字化教育管理平台，让教师能够轻松掌握学生的学习进度，及时调整教学策略，同时也方便了家长了解孩子的学习情况。

在线教学管理成了"互联网+"教育管理的重要实践形式。随着在线课程的普及，学校和教育机构通过网络平台对在线教学进行有效的组织和管理。教师可以在平台上创建课程、安排教学计划、与学生互动交流。学生则可以根据自己的时间和节奏进行学习，平台会记录学习过程和学习成果。教学管理者可以通过数据分析了解在线教学的质量和效果，及时发现问题并进行改进。例如，在疫情期间，大规模的在线教学得以顺利开展，得益于完善的在线教学管理体系。

利用大数据进行教育决策是"互联网+"教育管理的又一重要实践。通过收集和分析学生的学习行为数据、考试成绩数据、教师的教学数据等，教育管理者能够发现教育教学中的规律和问题，为决策提供科学依据。比如，根据学生的成绩数据和作业完成情况，分析出教学中的薄弱环节，从而有针对性地调整教学内容和方法；通过分析教师的教学评价数据，了解教师的教学效果，为教师培训和教学资源分配提供参考。

移动终端在教育管理中的应用也越来越广泛。学校开发了专门的移动应用程序，方便学生、教师和家长随时随地获取教育信息和进行管理操作。学生可以通过手机查看课程表、作业通知、考试成绩等；教师可以通过手机进行考勤登记、批改作业、与家长沟通；家长可以通过手机了解孩子在校的表现和学校的通知。例如，某小学的移动应用程序，让家长能够及时收到到校离校通知，增强了学生的安全管理。

"互联网+"教育管理还促进了教育资源的共享和优化配置。通过网络平台，优质的教育资源可以在不同地区、不同学校之间共享。偏远地区的学校也能够享受到优质的教学课程和教学资料，缩小了城乡教育差距。与此同时，根据学校和学生的实际需求，对教育资源进行精准推送和优化配置，提高了资源的利用效率。

"互联网+"教育管理的实践也面临一些问题和挑战。比如，技术设备的更新和维护需要投入大量资金；部分教师和管理者对新技术的应用能力不足；网络安全和数据隐私保护存在风险等。但随着技术的不断发展和管理的不断完善，这些问题将逐步得到解决，"互联网+"教育管理的实践将不断深入，为教育事业的发展带来更大的推动作用。

四、网络安全与教育管理的关系

在当今数字化时代，网络已经成为教育领域不可或缺的一部分，为教育管理带来了诸多便利和创新。伴随着网络的广泛应用，网络安全问题也日益凸显，对教育管理产生了深远的影响。深入理解网络安全与教育管理之间的关系，对于保障教育事业的顺利发展具有重要意义。

（一）网络在教育管理中的应用

网络为教育管理提供了高效的信息传递和资源共享平台。通过教育管理系统，学校可以实现对学生信息、教学安排、课程资源等的集中管理和快速调配。教师可以在线提交教学计划、录入成绩，学生能够方便地查询课程信息、选课、提交作业等。这种数字化的管理方式大大提高了工作效率，减少了人工操作带来的错误和延误。

在线教育平台的兴起拓展了教育管理的空间。学生可以通过网络随时随地获取学习资源，参与在线课程和讨论。教育管理者可以利用大数据分析学生的学习行为和成绩，为教学决策提供依据，实现个性化教育和精准管理。

除此之外，网络促进了教育机构之间的交流与合作。学校之间可以共享教育经验、教学资源，开展联合教研活动，共同推动教育质量的提升。

（二）网络安全对教育管理的重要作用

保障学生和教职工的个人信息安全是教育管理的首要任务。在网络环境中，学生的学籍信息、考试成绩、家庭背景等敏感数据都存储在数据库中，如果这些信息遭到泄露、篡改或滥用，将给学生和教职工带来极大的危害，如身份盗窃、诈骗等。

维护教育网络系统的稳定运行至关重要。网络攻击如病毒、黑客入侵、拒绝服务攻击等可能导致教育管理系统瘫痪，影响正常的教学秩序。例如，选课系统无法正常运行，成绩查询系统出现故障，都会给师生带来极大的不便。

网络安全有助于保护教育机构的知识产权和学术成果。教师的教学资料、科研成果以及学校的教学资源如果在网络上被非法访问、复制或传播，将损害教育机构的创新成果和学术声誉。

（三）网络安全威胁对教育管理的影响

数据泄露事件可能导致大量学生和教职工的隐私信息被曝光，引发公众对教育机构的信任危机。这不仅会对个人造成伤害，还会影响学校的招生和声誉。

网络攻击可能导致教育管理系统的瘫痪，使得学校无法正常进行教学管理工作。例如，无法进行课程安排、学籍管理等，严重影响教学的正常开展。

恶意软件和病毒的传播可能会入侵学校的计算机设备和网络，导致数据丢失、系统损坏，增加学校的维护成本和工作负担。

网络诈骗可能针对学生和家长，以虚假的学校通知、缴费信息等方式骗取钱财，给家庭带来经济损失。

（四）教育管理中的网络安全策略

建立完善的网络安全管理制度是基础。明确各部门和人员在网络安全方面的职责和权限，制定应急预案和处理流程，确保在发生网络安全事件时能够迅速响应和处理。

加强技术防护措施，如安装防火墙、入侵检测系统、加密软件等，防止未经授权的访问和数据使用。定期进行系统更新和漏洞修复，提高网络的安全性。

对学生和教职工进行网络安全教育培训，提高他们的网络安全意识和防范能力。让他们了解常见的网络安全威胁和应对方法，如不随意点击陌生链接、不轻易透露个人信息等。

定期进行数据备份，以防止数据丢失。与此同时，建立数据恢复机制，确保在发生数据灾难时能够快速恢复数据，减少损失。

（五）案例分析

某知名大学的教育管理系统曾遭受黑客攻击，导致大量的学生个人信息泄露，包括姓名、学号、联系方式等。这一事件引起了学生和家长的恐慌，学校的声誉也受到了严重影响。事后调查发现，学校的教育管理系统存在安全漏洞未及时修复，被黑客利用。学校采取了一系列措施，包括加强系统安全防护、通知学生采取防范措施、向公众道歉等。

另一所学校的网络被植入恶意软件，导致计算机设备运行缓慢，教学资料丢失。经过排查，发现是由于教师在下载教学资源时误点击了不明链接。学校随后加强了对教师的网络安全教育，并安装了更强大的杀毒软件，避免了类似事件的再次发生。

（六）挑战与应对

随着技术的不断发展，网络安全威胁也日益复杂多变，给教育管理带来了持续的挑战。例如，新兴的物联网设备在教育中的应用可能带来新的安全漏洞，人工智能技术可能被用于网络攻击。

应对这些挑战，需要教育管理部门不断跟进技术发展，加强与网络安全专业机构的合作，及时了解最新的安全威胁和防护措施。与此同时，加大对网络安全的投入，包括资金、技术和人力资源，确保教育管理系统的安全可靠。

网络安全与教育管理紧密相连，相互影响。只有充分重视网络安全，采取有效的安全策略和措施，才能保障教育管理工作在数字化时代的顺利进行，为师生创造一个安全、稳定、高效的教育环境。

五、"互联网＋"教育管理的未来展望

随着信息技术的不断发展和普及，"互联网＋"已经深刻地改变了各个领域的发展模式，教育管理也不例外。"互联网＋"教育管理将展现出更加广阔的发展前景和巨大的变革潜力。

（一）智能化的教育管理决策支持系统

未来，基于大数据和人工智能技术的教育管理决策支持系统将更加成熟和完善。通过收集和分析海量的教育数据，包括学生的学习成绩、行为表现、兴趣爱好，教师的教学质量、教学方法，学校的资源配置、运营情况等，系统能够为教育管理者提供精准、实时的决策建议。

例如，系统可以预测学生的学业发展趋势，提前发现可能存在的学习困难，为教育管理者制定个性化的教育方案提供依据。还可以根据学校的招生情况、师资配备、设施条件等，优化资源分配，提高教育资源的利用效率。

智能化的决策支持系统不仅能够提高决策的科学性和准确性，还能够大大缩短决策周期，使教育管理更加灵活和高效。

（二）个性化的学习与教育管理服务

借助互联网技术，未来的教育管理将能够更好地满足学生的个性化需求。通过在线学习平台和智能教育软件，学生可以根据自己的学习进度、兴趣爱好和能力水平选择适合自己的课程和学习路径。

教育管理者可以利用数据分析技术，实时了解每个学生的学习状态和需求，为他们提供个性化的学习指导和支持。例如，为学习困难的学生提供额外的辅导资源，为有特长的学生提供发展机会和专业指导。

与此同时，个性化的教育管理服务还将延伸到学生的综合素质培养和心理健康方面。通过对学生的社交行为、心理状态等数据的分析，及时发现并解决学生可能面临的问题，促进学生的全面发展。

（三）移动化和无缝连接的教育管理体验

随着移动互联网的普及，未来的教育管理将更加注重移动化应用。学生、教师和教育管理者可以通过手机、平板电脑等移动设备随时随地访问教育管理系统，进行教学安排、课程管理、成绩查询等操作。

移动化的教育管理应用将实现与其他教育工具和平台的无缝连接，形成一个完整的教育生态系统。例如，学生在移动设备上完成的作业可以自动同步到教师的教学管理平台，教师的教学反馈可以即时推送给学生。

这种移动化和无缝连接的教育管理体验将打破时间和空间的限制，提高教育管理的便捷性和及时性。

（四）虚拟现实和增强现实技术的应用

虚拟现实（VR）和增强现实（AR）技术有望在未来的教育管理中得到广泛应用。例如，通过 VR 技术创建虚拟校园，学生可以远程参观学校的设施和环境，了解学校的历史和文化。教师可以利用 AR 技术进行虚拟教学演示，增强教学的直观性和趣味性。

在教育管理方面，VR 和 AR 技术可以用于模拟校园安全演练、应急处理等场景，提高学生和教职工的安全意识和应对能力。还可以用于学校的规划和设计，让管理者在虚拟环境中直观地评估不同的设计方案。

（五）区块链技术保障教育数据的安全与可信

区块链技术具有去中心化、不可篡改、可追溯等特点，能够为教育数据的安全和稳定提供有力保障。未来，教育管理中的学生成绩、学历证书、教育经历等重要数据可以存储在区块链上，确保数据的真实性和完整性，防止数据造假和篡改。

与此同时，区块链技术可以实现教育数据的安全共享和流通，在保护学生隐私的前提下，让教育机构、用人单位等相关方能够便捷地获取可信的教育数据，提高教育管理的效率和信息透明度。

（六）开放教育资源与教育管理的融合

互联网上丰富的开放教育资源（OER）将与教育管理更加紧密地融合。教育管理者可以整合和利用优质的 OER，为教师教学和学生学习提供更多的选择。通过建立有效的资源评价和推荐机制，帮助师生快速找到适合的学习资源。

与此同时，利用互联网技术促进校际的资源共享和合作，实现优势互补，共同提升教育质量。

（七）教育管理的全球化与国际合作

互联网打破了地域限制，未来的教育管理将更加全球化。不同国家和地区的教育机构可以通过网络平台进行交流与合作，分享教育管理经验和最佳实践。

国际间的教育项目合作、学生交流等活动将更加频繁，教育管理者需要面对跨国教育管理的挑战，如文化差异、政策法规不同等。通过建立统一的国际教育管理标准和合作机制，推动全球教育的共同发展。

（八）挑战与应对策略

尽管"互联网＋教育管理"的未来充满希望，但也面临一些挑战。例如，数字鸿沟可能导致部分地区和群体无法充分享受互联网带来的教育管理便利；网络安全问题可能威胁教育数据的安全和隐私保护；新技术的应用对教师和教育管理者的信息技术能力提出更高要求。

为应对这些挑战，需要各级政府加大对教育信息化基础设施的投入，缩小数字鸿沟。加强网络安全法规建设和技术防护，保障教育数据安全。与此同时，开展大规模的教师培训和教育管理者培训，提升他们的信息技术素养和应用能力。

"互联网＋教育管理"的未来充满了无限可能。通过充分利用互联网技术的优势，不断创新教育管理模式和方法，我们有望实现更加公平、高效、个性化的教育管理，为培养适应未来社会发展的人才提供有力支持。

第二节　翻转课堂与在线学习平台的应用

一、翻转课堂的原理与应用实践

翻转课堂是一种创新的教学模式，对传统的教学流程进行了颠覆式的改变。可加入翻转课堂的准确定义在这种模式下，学生在课外通过观看教学视频、阅读相关资料等方式完成知识的初步学习，而课堂时间则主要用于师生之间的互动交流、问题解决、实践操作和深度探讨。

翻转课堂的原理基于几个重要的教育理念。首先，它强调学生的自主学习能力培养。在课外的自主学习过程中，学生需要自己规划学习时间、掌握学习进度、理解学习内容，这有助于锻炼他们的自我管理和自我驱动能力。其次，它体现了以学生为中心的教学思想。传统教学中，教师是知识的传授者，学生被动接受；而在翻转课堂中，学生成为学习的主体，教师则成为引导者和促进者，根据学生的需求提供个性化的支持和指导。再者，它利用了信息技术的优势，使学习资源更加丰富多样、易于获取，满足了不同学生的学习风格和需求。

在实践中，翻转课堂的实施通常包括以下几个步骤。教师首先需要根据教学目标和课程内容，制作或选择合适的教学视频和学习资料，并将其发布到在线平台上供学生自主学习。这些教学资源通常简短精悍、重点突出，能够吸引学生的注意力并激发他们的学习兴趣。学生在课外按照自己的节奏观看视频、阅读资料，并完成相关的练习和测试，以检验自己对知识的理解程度。

课堂上，教师通过提问、小组讨论、案例分析、实验操作等活动，引导学生深入思考、解决问题、应用知识。教师会根据学生在自主学习中反馈的问题和困惑，有针对性地进行讲解和辅导。与此同时，学生之间也会进行合作学习，共同完成项目任务或进行小组展示，培养团队协作和沟通表达能力。

例如，在一节高中数学"函数的单调性"的翻转课堂中，教师事先录制了一个10分钟左右的教学视频，讲解了函数单调性的定义、判断方法和常见题型。学生在课外观看视频，完成配套的练习题，并在在线平台上提出自己的疑问。课堂上，教师首先组织学生进行小组讨论，让他们分享自己对函数单调性的理解和配套练习题的解题思路。然后，通过几个典型例题，引导学生进一步深化对函数单调性的应用。让学生分组完成一个与函数单调性相关的实际问题解决任务，并进行展示和交流。

翻转课堂的实践也面临一些挑战。对于学生来说，自主学习需要较高的自律性和时间管理能力，如果缺乏有效的监督和激励机制，可能会导致部分学生学习效果不佳。对于教师来说，制作高质量的教学视频和设计有效的课堂活动需要投入大量的时间和精力，同时对教师的课堂组织和引导能力也提出了更高的要求。除此之外，翻转课堂需要一定的信息技术支持和网络环境保障，如果学生家庭缺乏相关条件，可能会影响学习的顺利进行。

尽管存在挑战，翻转课堂在提高学生学习积极性、培养自主学习能力和创新思维等方面具有显著的优势。通过将知识传授移到课外，课堂上有更多的时间进行互动和实践，能够更好地满足学生的个性化需求，促进知识的掌握和应用。

二、在线学习平台的功能与优势

在线学习平台作为现代教育的重要支撑工具，具有丰富多样的功能和显著的优势。在线学习平台提供了丰富的课程资源。这些资源涵盖了各个学科、各个领域和各个层次，无论是基础课程还是前沿的专业课程，学生都能在平台上找到。课程形式包括视频课程、音频课程、文本资料、在线测试等，满足了不同学习风格和需求的学生。例如，一些知名的在线学习平台如 Coursera、EdX 等，提供了来自世界顶尖大学的优质课程，让学习者能够接触到全球最先进的知识和教学方法。

个性化学习是在线学习平台的重要功能之一。平台通过算法和大数据分析，根据学生的学习历史、兴趣爱好、能力水平等为其推荐适合的课程和学习路径。与此同时，学生可以根据自己的节奏和时间安排自主学习，随时暂停、回放课程内容，实现真正的个性化学习体验。比如，一些语言学习平台能够根据学生的词汇量和语法掌握情况，为其生成个性化的练习和学习计划。

互动交流功能也是在线学习平台的一大特色。学生可以在平台上与教师和其他学生进行实时或异步的交流。通过在线讨论区、问答社区、私信等方式，学生可以提出问题、分享见解、交流学习心得。教师可以及时解答学生的疑问，给予反馈和指导。这种互动交流不仅有助于解决学习中的困惑，还能促进学生之间的合作学习和知识共享。

在线学习平台还具备学习管理和评估功能。平台能够记录学生的学习进度、学习时间、作业完成情况、考试成绩等数据，为学生提供学习报告和分析，帮助他们了解自己的学习状况和进步情况。教师也可以通过这些数据对学生的学习进行全面的评估和监督，及时调整教学策略和方法。除此之外，一些平台还支持自动批改作业和考试，大大提高了教学效率。

在线学习平台的优势不仅体现在功能上，还体现在其便捷性和灵活性上。学习者可以随时随地通过互联网访问平台进行学习，不受时间和空间的限制。这为那些无法参加传统课堂教学的人群，如在职人员、偏远地区的学生等，提供了接受优质教育的机会。与此同时，在线学习平台的成本相对较低，能够降低教育资源的获取成本，提高教育资源的利用率。

以一个企业培训为例，公司使用在线学习平台为员工提供专业技能培训。员工可以根据自己的岗位需求和职业发展规划选择相应的课程。平台根据员工的学习情况为其推荐后续的课程，并提供与其他同事交流的机会。公司管理层可以通过平台的数据了解员工的学习进度和掌握程度，评估培训效果。这种方式不仅提高了培训的效率和效果，还节省了培训的时间和成本。

在线学习平台也存在一些不足之处，如网络连接不稳定可能影响学习体验，缺乏面对面交流可能导致情感沟通不足等。但随着技术的不断发展和完善，这些问题正在逐步得到解决。

三、两者结合的教学效果评估

翻转课堂与在线学习平台的结合为教育带来了新的可能性，而对其教学效果进行评估是检验这种创新教学模式是否有效的关键。

从学生的学习成绩来看，两者结合的模式往往能够显著提高学生的学习成绩。在翻转课堂中，学生通过课外的自主学习初步掌握知识，课堂上则通过与教师和同学的互动深化理解和应用。在线学习平台提供的丰富资源和个性化学习路径有助于学生查缺补漏，提高学习效率。例如，对比采用传统教学模式和翻转课堂结合在线学习平台模式的两个班级，在相同的考试难度下，后者班级的平均成绩明显高于前者，优秀率和及格率也有显著提升。

学生的学习态度和自主学习能力也得到了积极影响。通过在课外自主观看教学视频和完成学习任务，学生逐渐培养了自我管理和主动学习的习惯。在线学习平台的互动功能和及时反馈机制让学生感受到学习的乐趣和成就感，从而增强了学习的积极性和主动性。调查发现，采用两者结合模式的学生在学习动力、自我效能感和学习兴趣等方面的得分明显高于传统教学模式的学生。

在知识的掌握和应用能力方面，这种结合模式具有明显优势。课堂上的讨论、案例分析和实践操作让学生能够将所学知识更好地应用到实际情境中，提高了解决问题的能力。与此同时，在线学习平台上的多样化练习和测试能够及时检验学生对知识的掌握程度，帮助他们巩固和强化知识点。例如，在实验课程中，采用这种结合模式的学生在实验设计、操作技能和数据分析等方面的表现更为出色，能够更灵活地运用所学知识解决实验中遇到的问题。

对于教师而言，教学效果的评估体现在教学效率和教学质量的提升上。通过在线学习平台，教师可以更轻松地管理学生的学习进度和作业情况，及时发现问题并进行有针对性的辅导。翻转课堂中的互动交流让教师更好地了解学生的学习需求和困惑，及时调整教学策略。教师的工作量虽然在前期准备阶段有所增加，但在实际教学过程中能够更加高效地指导学生，提高教学效果。

从学生的综合素质培养来看，两者结合的模式有助于培养学生的团队协作能力、沟通表达能力和创新思维。在课堂讨论和小组项目中，学生需要与他人合作完成任务，这锻炼了他们的团队协作和沟通能力。而在解决复杂问题和探索新的知识领域时，学生的创新思维得到了激发。例如，在一个跨学科的项目学习中，学生通过在线平台收集资料、分工合作，在课堂上展示成果并接受其他小组的提问和建议，不仅提高了学科知识的掌握程度，还培养了综合素质。

在评估教学效果时，也需要注意一些问题。例如，样本的选择要具有代表性，评估指标要全面且科学，数据的收集和分析要准确可靠。与此同时，要考虑到不同学科、不同年级和不同学生群体的差异，进行分层评估和比较。除此之外，教学效果的评估应该是一个长期的过程，不能仅仅局限于短期的成绩和表现，要关注学生的长期发展和能力提升。

翻转课堂与在线学习平台的结合在提高教学效果方面具有巨大的潜力，但需要通过科学合理的评估方法来验证和不断改进，以实现教育质量的持续提升。

第三节　项目制学习与实践教育的结合

一、项目制学习的组织与实施

项目制学习是一种以学生为中心的教学方法，强调通过实际项目的完成来促进学生的学习和发展。在组织和实施项目制学习时，需要精心规划和系统执行各个环节。

项目的选题是项目制学习的关键起点。选题应具有一定的现实意义和挑战性，能够激发学生的学习兴趣和探究欲望。可以来源于学生的生活实际、社会热点问题、学科前沿领域等。例如，在科学学科中，可以选择"如何改善校园周边的生态环境"作为项目主题；在技术学科中，可以是"设计并制作一款适合老年人使用的智能家居设备"。选题还要考虑学生的知识水平和能力范围，确保项目既具有一定的难度，又能够在学生的努力和教师的指导下得以完成。

明确项目目标是项目制学习的重要环节。目标应具体、可衡量、可达成、相关且有时限（SMART 原则）。目标不仅包括知识和技能的掌握，还应涵盖学生的团队协作、问题解决、创新思维等能力的培养，以及情感态度和价值观的塑造。例如，在上述的生态环境改善项目中，知识目标可以是让学生了解生态系统的组成和运作原理，技能目标是学会运用科学方法进行实地调查和数据分析，能力目标是培养学生的团队合作能力和解决实际问题的能力，情感目标是增强学生的环保意识和社会责任感。

组建项目团队是项目制学习的基础。团队成员的构成应考虑学生的兴趣、特长、性格和学习能力等因素，力求做到优势互补、分工合理。教师可以根据学生的自主选择，做适当调整，将学生分成若干小组。每个小组推选一名组长，负责组织和协调小组的活动。在团队组建过程中，教师要引导学生分工合作，明确各自的角色和责任，制定团队规则和沟通方式。

制订项目计划是项目制学习有序进行的保障。项目计划应包括项目的任务分解、时间安排、资源需求、成果形式等内容。小组在教师的指导下，通过讨论和分析，制订详细的项目计划。计划要具有一定的灵活性，能够根据项目进展情况进行适当的调整。例如，在智能家居设备设计项目中，计划可以包括市场调研、方案设计、原型制作、测试改进等阶段的时间安排和任务分工，以及所需的材料、工具和技术支持等资源。

在项目实施过程中，教师要发挥引导和支持的作用。教师要定期与小组进行交流，了解项目进展情况，及时给予指导和建议。鼓励学生自主探索和尝试，培养学生的创新精神和实践能力。与此同时，要为学生提供必要的资源和技术支持，帮助学生解决遇到的困难和问题。例如，当学生在数据分析中遇到困难时，教师可以指导学生学习相关的统计分析方法和工具；当学生在设备制作中遇到技术难题时，教师可以联系相关专业人员提供帮助。

项目的评估与总结是项目制学习的重要环节。评估可以采用多元化的方式，包括小组自评、互评、教师评价等。评估内容不仅包括项目成果的质量，还应关注学生在项目过程中的表现，如团队合作、问题解决能力、创新思维等。总结项目经验和教训，为今后的项目制学习提供参考。与此同时，要对学生在项目中的表现给予及时反馈和肯定，鼓励学生继续努力和改进。例如，在项目结束后，组织项目展示和汇报活动，让各小组展示自己的成果，分享项目实施过程中的经验和体会。教师和其他小组对展示成果进行评价和提问，共同探讨项目的优点和不足之处。

以"校园文化节活动策划"项目为例，学生首先通过讨论确定项目目标，如丰富活动形式、提高参与度、展现学校特色等。然后分组并明确分工，有的负责活动策划，有的负责宣传推广，有的负责后勤保障等。在实施过程中，学生自主调研其他学校的文化节活动，结合本校实际情况制定详细的活动方案，并不断进行调整和完善。教师在整个过程中提供指导和资源支持，如联系相关专家举办讲座、提供活动经费等。项目结束后，通过展示和评价，总结成功经验和不足之处，为下一次活动策划提供参考。

项目制学习的组织与实施需要充分考虑学生的需求和特点，精心设计项目选题和目标，合理组建团队和制订计划，加强教师的指导和支持，注重评估和总结，以提高项目制学习的效果和质量。

二、实践教育的重要性与形式

实践教育在学生的成长和发展过程中具有不可替代的重要性。

（一）实践教育有助于学生将理论知识与实际应用相结合

在传统的教育模式中，学生通过书本和课堂讲授获取知识，但这些知识往往是抽象和脱离实际的。而实践教育让学生有机会将所学的理论知识运用到具体的情境中，加深对知识的理解和掌握。例如，在物理学中学习了电路原理后，通过实际动手搭建电路实验，学生能够更直观地理解电流、电压和电阻的关系，并且能够发现理论知识在实际操作中的局限性和应用条件。

（二）实践教育能够培养学生的动手能力和解决实际问题的能力

在实践活动中，学生需要亲自动手操作、尝试和探索，这有助于提高他们的动手技能和实践操作能力。与此同时，学生在面对实际问题时，需要运用所学知识和经验，分析问题、提出解决方案并付诸实践。这种解决实际问题的能力是学生未来在工作和生活中所必需的。比如，在工程设计课程中，学生需要设计并制作一个机械装置来完成特定的任务，在这个过程中，他们会遇到各种技术难题和设计挑战，需要不断地调整和改进方案，最终实现设计目标。

（三）实践教育还能激发学生的创新思维和创造力

在实践过程中，学生往往需要突破传统的思维模式，尝试新的方法和途径。这种探索和创新的过程能够培养学生的创新思维，使他们能够提出独特的见解和解决方案。例如，在艺术创作实践中，学生可以自由发挥想象，运用不同的材料和技术进行创作，从而激发创造力和艺术灵感。

除此之外，实践教育有助于培养学生的团队合作精神和沟通能力。许多实践项目需要学生以团队的形式完成，团队成员之间需要分工合作、相互沟通和协调。在这个过程中，学生能够学会倾听他人的意见，发挥自己的优势，共同解决问题，从而提高团队合作能力和沟通能力。比如，在一个商业模拟实践项目中，学生组成不同的团队模拟经营公司，需要在市场调研、产品开发、营销策划等方面进行协作，共同应对市场竞争和挑战。

实践教育的形式多种多样，包括实验教学、实习实训、社会实践、创新创业实践等。

实验教学是在学校的实验室环境中进行的，通过设计和完成各种科学实验，让学生验证和探索科学原理。例如，化学实验、生物实验等，让学生通过实验操作观察现象、收集数据、分析结果，培养科学研究的方法和态度。

实习实训是让学生到实际的工作场所，如企业、工厂、医院等，进行一段时间的实践学习。学生可以在真实的工作环境中，了解行业的运作流程，学习实际的工作技能，体验职业文化。这种形式能够让学生更好地将所学专业知识与实际工作相结合，为未来的就业做好准备。

社会实践是组织学生走出校园，参与社会服务、调查研究等活动。例如，参与社区志愿者服务、农村调研、环保活动等，让学生了解社会现状，增强社会责任感和公民意识。

创新创业实践为学生提供了一个将创意转化为实际产品或服务的平台。学生可以通过参加创新创业竞赛、创业项目孵化等活动，培养创新意识和创业能力，锻炼商业思维和市场洞察力。

以医学专业为例，学生不仅要在课堂上学习医学理论知识，还要通过实验教学熟悉各种医疗设备的操作和医学实验的方法；通过在医院的实习实训，跟随医生查房、诊断、治疗，积累临床经验；参与社会实践，如为社区居民提供义诊服务，提高沟通和服务能力；参与创新创业实践，如研发新的医疗技术或医疗器械，培养创新精神和创业能力。

实践教育对于学生的全面发展具有重要意义，通过丰富多样的实践形式，能够让学生在实践中学习、成长和发展，提高综合素质和竞争力。

三、项目制学习与实践教育的协同作用

项目制学习与实践教育的结合能够产生强大的协同作用，为学生提供更丰富、更有意义的学习体验，促进他们的全面发展和能力提升。

项目制学习为实践教育提供了明确的目标和框架。在项目制学习中，学生围绕一个具体的项目展开学习和实践活动。这个项目通常具有明确的目标和任务，以及预期

的成果和交付物。这为实践教育提供了清晰的方向和结构，使学生的实践活动更具针对性和系统性。例如，一个关于"可持续城市规划"的项目，学生需要通过实地调研、数据分析、方案设计等实践活动，提出具体的城市规划方案。在这个过程中，学生的实践活动始终围绕项目的目标展开，避免了实践的盲目性和随意性。

实践教育则为项目制学习提供了真实的情境和体验。项目制学习中的项目往往来源于现实生活中的问题或需求，而实践教育能够让学生真正地走进这些现实情境，亲身体验和感受问题的复杂性和多样性。通过实践，学生能够获得第一手的资料和相关经验，这有助于他们更好地理解项目的背景和意义，提出更切实可行的解决方案。比如，在上述"可持续城市规划"项目中，学生通过实地考察城市的交通、能源、环境等方面的情况，与市民、政府工作人员、专家等进行交流，能够更深入地了解城市规划面临的实际问题和挑战，从而使他们的规划方案更具现实性和可行性。

两者的结合能够更好地培养学生的综合能力。项目制学习要求学生具备团队协作、问题解决、沟通表达、创新思维等能力，而实践教育则为学生提供了锻炼这些能力的平台。在实践过程中，学生需要与团队成员合作完成任务，共同解决遇到的各种问题，向不同的人群表达自己的观点和想法，不断创新和改进解决方案。这种综合性的能力培养是传统教学方式难以实现的。例如，在一个"农产品电商营销"项目中，学生需要组建团队，进行市场调研、制定营销策略、搭建电商平台、进行客户服务等一系列实践活动。在这个过程中，学生不仅要运用所学的市场营销、电子商务等知识，还要锻炼团队协作、沟通表达、问题解决和创新思维等能力。

项目制学习与实践教育的协同作用还体现在能够激发学生的学习兴趣和主动性。当学生参与到真实的项目和实践活动中时，他们能够感受到学习的意义和价值，从而更积极主动地投入到学习中。这种主动学习的态度能够提高学习效果，使学生在项目中取得更好的成果。比如，在一个"校园环保行动"项目中，学生为了改善校园的环境状况，积极主动地查阅资料、开展宣传活动、组织垃圾分类等实践活动。由于他们切身感受到自己的行动能够带来实际的改变，因此学习的热情和积极性得到了极大激发。

除此之外，两者的结合能够促进知识的迁移和应用。项目制学习中的知识往往是跨学科的，而实践教育能够让学生将这些跨学科的知识运用到实际情境中，实现知识的迁移和应用。这有助于学生打破学科界限，建立起综合性的知识体系，提高知识的应用能力。例如，在一个"智能农业"项目中，学生需要综合运用生物学、物理学、信息技术等多学科的知识，通过实地实践，将这些知识应用到农业生产的智能化改造中，实现了知识的整合和应用。

以一个"机器人制作"项目为例，学生首先确定项目目标——制作一个能够完成特定任务的机器人。在项目制学习的框架下，学生分工合作，进行机器人的设计、编程和组装。与此同时，通过实践教育，学生走进工厂和实验室，了解机器人制造的实际工艺和技术，获取所需的材料和设备。在这个过程中，学生不仅学会了机器人相关的知识和技能，还培养了团队协作、创新思维和解决问题的能力。项目完成后，学生的作品可以参加科技竞赛或应用于实际场景，进一步激发了学生的成就感和学习动力。

项目制学习与实践教育的协同作用能够为学生创造更优质的学习环境，培养他们的综合素养和能力，使他们更好地适应未来社会的发展需求。

第四节　创业教育与创新精神的培养

一、创业教育的课程设置

创业教育作为培养具有创新精神和创业能力人才的重要途径，其课程设置至关重要。一个科学合理的创业教育课程体系应当涵盖多个方面，以满足学生在知识、技能等方面的需求。

基础理论课程是创业教育课程体系的基石。这些课程包括创业学概论、经济学原理、管理学基础、市场营销学等。通过这些课程，学生能够了解创业的基本概念、经济环境对创业的影响、企业管理的基本原理以及市场运作的规律。例如，在创业学概论课程中，学生可以学习到创业的定义、类型、过程以及创业者应具备的素质和能力；在经济学原理课程里，他们能够掌握宏观和微观经济环境对创业活动的制约和促进作用。

专业核心课程则聚焦于创业过程中的关键环节和技能培养。比如，创业机会识别与评估课程教会学生如何从复杂的市场环境中发现潜在的创业机会，并对其进行可行性分析和价值评估；商业模式设计课程指导学生构建创新且可行的商业运营模式，以实现企业的盈利和可持续发展；创业融资与财务管理课程让学生了解创业资金的获取渠道、财务规划和风险控制等重要知识。以商业模式设计为例，学生需要学习不同类型的商业模式，如平台模式、订阅模式、共享经济模式等，并通过实际案例分析和模拟项目，掌握如何根据市场需求和自身资源设计独特的商业模式。

实践操作课程是创业教育课程中不可或缺的部分。这类课程通常以创业实训、项目实践、企业模拟运营等形式开展。学生在真实或模拟的创业环境中，亲身体验创业的全过程，包括市场调研、产品开发、营销推广、团队组建与管理等。例如，在创业实训课程中，学生会组成团队，开展一个小型的创业项目，从创意产生到产品或服务的推出，经历市场的检验和反馈，从而积累实际的创业经验；企业模拟运营课程则利用软件或模拟平台，让学生在虚拟的市场环境中运营一家企业，面对各种决策和挑战，锻炼他们的应变能力和决策能力。

创新创业思维培养课程旨在激发学生的创新意识和创造性思维。课程内容可以包括设计思维、批判性思维、逆向思维等的训练。通过这些课程，学生学会突破传统思维的束缚，以全新的视角看待问题和寻找解决方案。比如，设计思维课程引导学生从用户需求出发，通过观察、同理心、定义问题、构思、原型制作和测试等步骤，创造出具有创新性和商业价值的产品或服务；批判性思维课程培养学生对信息的分析、评估和质疑能力，帮助他们在创业过程中做出明智的决策。

行业前沿与案例分析课程使学生能够紧跟时代发展的步伐，了解不同行业的最新动态和创新趋势。通过对成功创业案例的深入剖析，学生可以汲取他人的经验教训，学习优秀的创业策略和创新方法。例如，在新兴科技行业的案例分析中，学生可以探讨如何将人工智能、区块链等技术应用于创业项目中，创造新的商业价值；在传统行业转型升级的案例中，研究企业如何通过创新实现突破和可持续发展。

除此之外，还应设置与创业相关的法律、政策、伦理道德等课程。让学生了解在创业过程中需要遵守的法律法规；熟悉国家和地方的创业扶持政策，如税收优惠、创业补贴等；培养学生的商业伦理和社会责任意识，使他们在创业过程中做出的决策合法、合规，符合道德标准。

以某高校的创业教育课程为例，在基础理论课程阶段，学生系统学习了创业学、经济学和管理学的基础知识；随后在专业核心课程中，深入掌握了商业模式创新、创业融资等关键技能；通过实践操作课程，参与了校内创业孵化项目和企业实习；在创新创业思维培养课程中，进行了头脑风暴和创意训练；与此同时，在行业前沿与案例分析课程中，研究了最新的创业趋势和成功案例。这样的课程设置为学生提供了全面而系统的创业教育，提高了他们的创业成功率和创新能力。

创业教育的课程设置应注重理论与实践相结合、知识与技能并重、思维培养与行业洞察同步，为学生提供一个丰富多元、富有挑战性和实用性的学习体验，为他们未来的创业之路奠定坚实的基础。

二、创新精神培养的方法

创新精神是在当今竞争激烈的社会中取得成功的关键因素之一，培养创新精神需要采用一系列有效的方法和策略。

营造创新的环境和文化是培养创新精神的基础。一个鼓励自由思考、包容失败、尊重个性的环境能够激发学生的创新欲望。学校和家庭可以共同努力，为学生创造这样的氛围。在学校，教室的设置可以更加灵活开放，鼓励学生自由组合和交流；课堂上，教师应采用启发式教学方法，鼓励学生提出不同的观点和想法，而不是简单地给出标准答案。例如，开展小组讨论活动，让学生们在交流中碰撞出思维的火花；在家庭中，家长要尊重孩子的兴趣爱好，鼓励他们尝试新事物，不要过分强调单一的考试成绩和标准化的答案。

培养学生的好奇心和求知欲是激发创新精神的重要途径。好奇心是创新的源泉，当学生对周围的世界充满好奇时，他们就会主动去探索和发现。教师和家长可以通过引导学生观察生活中的现象、提出问题，并鼓励他们寻找答案来培养好奇心。比如，观察植物的生长过程，思考为什么不同季节植物的生长状态不同；研究日常用品的工作原理，尝试改进和创新。与此同时，提供丰富多样的学习资源，如图书、实验器材、网络资源等，满足学生的求知欲。

创新思维训练是培养创新精神的核心环节。这包括培养学生的发散思维、逆向思维、联想思维等。发散思维训练可以通过给定一个主题，让学生尽可能多地提出不同的想法和解决方案；逆向思维则是让学生从相反的角度思考问题，打破常规思维的局限；联想思维训练可以通过词语联想、图像联想等方式，培养学生建立事物之间新的联系的能力。例如，对于"如何解决城市交通拥堵"这个问题，学生可以通过发散思维提出建设地铁、优化公交线路、推广共享单车等多种方案；通过逆向思维思考是否可以减少人们的出行需求，如发展远程办公；通过联想思维联想到智能交通系统、空中交通等创新的解决方案。

实践活动是培养创新精神的重要手段。让学生参与各种实践项目，如科技竞赛、科研课题、创业实践等，在实际操作中锻炼创新能力。在实践过程中，学生需要将理论知识应用到实际中，面对各种问题和挑战，不断尝试和改进。例如，参加机器人竞赛，学生需要设计和制作机器人，编写程序，调试设备，在这个过程中不断创新和优化方案，以提高机器人的性能和竞争力；参与科研课题，学生可以在导师的指导下，进行实验研究，探索新的科学发现和技术创新。

跨学科学习有助于培养学生的综合创新能力。打破学科之间的界限，让学生从多个角度思考问题，能够激发创新灵感。例如，将生物学与工程学结合，开发新型的生物材料；将艺术与科技结合，创造出具有创意的数字艺术作品。学校可以开设跨学科课程，组织跨学科项目团队，让学生在不同学科的交叉领域中探索创新。

培养合作与交流能力也是培养创新精神的重要方面。创新往往不是孤立的过程，而是团队合作和交流的结果。通过小组合作学习、项目合作等方式，让学生学会与他人分享观点、互相启发、共同解决问题。例如，在一个科技创新项目中，学生分别具有不同的专业背景和技能，如计算机编程、机械设计、市场营销等，通过合作能够整合各方优势，实现创新成果的最大化。

除此之外，榜样的力量也不可忽视。介绍成功的创新者和创业者的故事，让学生了解他们的创新历程和经验，能够激励学生树立创新的志向。例如，乔布斯、埃隆·马斯克等创新领袖的故事，可以激发学生追求创新的热情和勇气。

培养创新精神需要综合运用多种方法，从环境营造、思维训练、实践活动、跨学科学习、合作交流等多个方面入手，激发学生的内在潜力，培养他们敢于创新、善于创新的能力和品质。

三、创业与创新教育的成果展示

创业与创新教育在当今教育领域中扮演着越来越重要的角色，其取得的成果不仅体现在学生个人的成长和发展上，也对学校、社会和经济产生了积极的影响。以下将从多个方面展示创业与创新教育的显著成果。

学生个人的成功案例是创业与创新教育最直接和有力的成果体现。许多接受过相关教育的学生勇敢地踏上创业之路，创立了具有影响力的企业。比如，一些大学生在校期间参与创业项目，毕业后成功创办了科技公司，研发出具有创新性的产品或服务，在市场上获得了认可和成功。这些创业者不仅实现了自己的梦想，还为社会创造了就业机会和经济价值。

创新项目和作品的涌现也是重要成果之一。学生在接受教育过程中，通过参与各类创新创业竞赛、课程项目等，开发出了众多具有创新性的产品、技术等。例如，在科技领域，学生研发出新型的环保材料、智能设备；在社会服务领域，提出了创新的公益模式和解决方案；在文化创意产业，创作了独特的艺术作品和设计方案。这些项目和作品展示了学生的创新思维和实践能力。

学生在创新思维和能力方面的提升是内在且关键的成果。经过创业与创新教育的培养，学生具备了更强的问题解决能力、批判性思维、团队协作能力和领导力。他们能够敏锐地发现问题，提出独特的见解，并有效地利用相关资源将想法转化为实际行动。这种思维和能力的提升不仅有助于他们在创业和职业发展中取得成功，也使他们在面对各种复杂问题时能够灵活应对，展现出较高的综合素质。

对于学校而言，创业与创新教育的成果体现在教育质量的提升和学校声誉的增强。学校通过开展相关课程、设立创业孵化基地、组织创新活动等，形成了独特的教育特色和品牌。优秀的创业与创新教育成果吸引了更多优秀的学生报考，提高了学校的知名度和竞争力。与此同时，学校与企业和社会机构的合作也更加紧密，为学校的发展带来了更多的资源和机会。

在社会层面，创业与创新教育促进了经济的发展和产业的升级。毕业生创办的创新型企业为经济增长注入了新的活力，推动了技术进步和产业结构的优化。与此同时，创新精神的传播也激发了社会的创造力和活力，营造了鼓励创新和创业的良好氛围。

例如，某高校的创业与创新教育项目培养了一批成功的创业者，他们创办的企业在当地形成了产业集群，带动了相关产业的发展。学校的创新成果在国际竞赛中屡获佳绩，提升了学校的国际影响力。除此之外，这些毕业生还积极参与社会公益创新项目，为解决社会问题贡献了力量。

再比如，一些中小学开展的创新教育活动，培养了学生从小的创新意识和动手能力。他们的作品在科技展览中获得好评，为未来的科技创新人才培养奠定了基础。

创业与创新教育的成果是多方面的，涵盖了学生个人的发展、学校的进步、社会经济的增长等多个领域。这些成果充分证明了创业与创新教育的重要性和价值，也为进一步推动和完善相关教育提供了有力的支持和动力。

第四章　高校学生教育管理的创新实践

在实际工作中，高校学生教育管理的创新实践体现在多个方面。在思想政治教育方面，采用多样化的教育方式，如主题班会、社会实践、网络思政等，增强思想政治教育的吸引力和感染力。在学业指导方面，建立学业预警机制，及时发现和帮助学习困难的学生；开展学科竞赛和科研项目，激发学生的学习兴趣和创新能力。在生活管理方面，打造智能化的宿舍管理系统，提高生活服务的质量和效率；开展丰富多彩的宿舍文化活动，营造良好的生活氛围。

第一节　高校课程设置与教学改革

一、课程设置的优化原则

高校课程设置的优化是提高教育质量、培养适应社会需求人才的关键环节。在进行课程设置优化时，需要遵循一系列原则，以确保课程体系的科学性、合理性和有效性。

（一）目标导向原则是课程设置优化的基础

高校应明确自身的人才培养目标，根据学校的定位、学科特点以及社会对人才的需求，确定学生在知识、能力和素质方面应达到的具体目标。例如，对于以培养应用型人才为主的高校，课程设置应侧重于实践技能和应用能力的培养；而对于研究型高校，则应更注重学术研究能力和创新思维的培养。以某工科院校为例，其目标是培养具有扎实工程基础和创新实践能力的工程师，因此在课程设置中加大了实验、实习和设计类课程的比重，使学生能够在实践中掌握工程设计和解决实际问题的能力。

（二）系统性原则要求课程设置形成一个有机的整体

课程之间应具有内在的逻辑联系，避免内容的重复和脱节。要按照学科知识的结构和学生的认知规律，合理安排课程的先后顺序和衔接关系。例如，在数学课程体系中，应先开设基础的高等数学、线性代数等课程，为后续的概率论、数理统计等课程打下基础；在计算机专业课程中，先学习编程语言和数据结构，再学习操作系统、数据库等进阶课程。与此同时，还要考虑不同学科之间的交叉融合，开设跨学科课程，拓宽学生的知识面和视野。

（三）适应性原则是至关重要的

课程设置要适应社会经济发展的需求和科技进步的趋势。随着新的行业和技术不断涌现，高校应及时调整课程内容，将前沿知识和技术纳入课程体系。例如，随着人工智能的迅速发展，许多高校在计算机、电子信息等相关专业中开设了人工智能课程，使学生能够掌握这一领域的最新知识和技能。与此同时，还要关注社会对人才素质的要求，加强人文社科、创新创业等方面的课程，培养学生的综合素质和社会适应能力。

（四）个性化原则是应对学生个体差异和发展需求的关键

每个学生都有自己的兴趣、特长和职业规划，课程设置应提供多样化的选择，允许学生根据自己的需求定制个性化的学习方案。可以通过设置选修课程、专业方向模块、双学位课程等方式，满足学生不同的发展方向。比如，对于对金融感兴趣的工科学生，可以选择金融工程方向的课程模块，为未来从事相关工作打下基础；对于有创业意向的学生，可以选修创新创业课程，并参与创业实践项目。

除此之外，科学性原则要求课程设置遵循教育教学的规律和学生的身心发展特点。合理安排课程的难度和负荷，避免课程过于繁重或过于简单，保证学生能够在适当的压力下有效地学习。与此同时，要注重课程的理论与实践相结合，使学生不仅掌握扎实的理论知识，还能将其应用于实际问题的解决。例如，在医学课程中，既有系统的医学理论课程，又有临床实习和实践操作环节，让学生在理论学习的基础上，通过实践提高临床技能。

以某综合性大学的课程设置优化为例，学校在明确培养具有创新精神和实践能力的高素质人才的目标后，对全校课程进行了系统梳理和整合。一方面，加强了基础学科课程的建设，确保学生具备扎实的基础知识；另一方面，增加了前沿课程和跨学科课程，如"大数据分析与应用""生物医学工程"等。与此同时，开设了丰富的选修课程和实践课程，如"艺术鉴赏与创作"、"企业实习"等，满足学生的个性化需求。通过这些优化措施，学校的课程体系更加完善，学生的综合素质和就业竞争力得到了显著提升。

课程设置的优化原则是一个相互关联、相互影响的整体。高校在进行课程设置优化时，应综合考虑这些原则，结合自身实际情况，不断完善课程体系，为培养适应时代需求的高素质人才提供有力保障。

二、教学改革的主要方向

在当今高等教育快速发展的背景下，教学改革成了提升教育质量、培养创新人才的重要举措。以下是教学改革的几个主要方向：

（一）强调以学生为中心的教学理念是教学改革的核心

传统的以教师为主体的教学模式往往注重知识的传授，而忽视了学生的主动参与和个性化需求。以学生为中心的教学理念则将学生置于教学的主体地位，关注学生的学习过程和体验，鼓励学生积极参与、自主学习和合作探究。例如，在课堂教学中，教师可以采用问题导向式教学法，引导学生自主思考和解决问题；或者通过小组讨论、案例分析等方式，促进学生之间的合作与交流。除此之外，利用在线学习平台和教育技术工具，为学生提供个性化的学习资源和指导，满足不同学生的学习进度和需求。

（二）教学方法的创新是教学改革的重要内容

传统的讲授式教学方法在某些情况下会限制学生的思维和创造力。因此，需要引入多样化和创新性的教学方法。例如，项目式学习法让学生通过完成实际项目来学习和应用知识，培养解决实际问题的能力；探究式学习法激发学生的好奇心和探索精神，让他们自主探究未知领域；情境教学法创设真实的情境，让学生在情境中感受和理解知识。与此同时，融合线上线下教学模式，充分发挥两种教学方式的优势，提高教学效果。

（三）信息化技术在教学中的深度应用是教学改革的必然趋势

随着信息技术的飞速发展，数字化教学资源、在线教学平台、虚拟实验室等为教学提供了丰富的手段和工具。教师可以利用多媒体课件、教学视频、在线互动等方式丰富教学内容和形式，增强教学的趣味性和吸引力。例如，通过虚拟仿真实验，学生可以在虚拟环境中进行实验操作，弥补实际实验条件的不足；利用在线教学平台进行课程直播、作业布置与批改、在线测试等，实现教学过程的数字化管理。

注重实践教学环节的强化是培养学生实际动手能力和创新能力的关键。实践教学不仅包括实验、实习、课程设计等常规形式，还应包括创新创业实践、社会实践等综合性实践活动。学校应加强与企业、科研机构的合作，建立实习实训基地，为学生提供更多参与实际项目和解决实际问题的机会。与此同时，鼓励学生参加各类学科竞赛、创新创业大赛等，锻炼他们的实践能力和团队协作精神。

（四）评价方式的改革也是教学改革的重要方面

传统的以考试成绩为主的评价方式过于单一，不能全面反映学生的学习成果和能力。应建立多元化的评价体系，综合考虑学生的课堂表现、作业完成情况、项目成果、考试成绩、实践能力等多个方面。评价主体也应多元化，除了教师评价，还应引入学生自评、互评等方式，促进学生的自我反思和相互学习。

以某高校的工科专业为例，在教学改革中，教师采用了项目式学习法，让学生分组完成一个实际的工程项目。学生需要从项目的设计、实施到最后的成果展示全程参与，锻炼了团队协作和工程实践能力。与此同时，学校建立了在线学习平台，提供丰富的课程资源和互动交流空间，方便学生自主学习。在评价方面，除了传统的考试，还增加了项目报告、小组展示、实践操作等评价环节，更加全面地评价学生的学习效果。

教学改革的主要方向是围绕以学生为中心、创新教学方法、应用信息技术、强化实践教学和改革评价方式等方面展开，旨在提高教学质量，培养适应社会发展需求的创新型人才。

三、课程与教学改革的实践

课程与教学改革在高校中已经得到了广泛的实践，并且取得了一系列显著的成果。以下将通过具体的案例来展示这些实践的过程和效果。

某综合性大学针对传统课程设置存在的学科壁垒严重、课程内容陈旧等问题，启动了大规模的课程改革。首先，学校打破了学科界限，构建了跨学科的课程模块。例如，开设了"生物信息学""金融科技"等融合多个学科知识的课程，培养学生的跨学科思维和解决复杂问题的能力。其次，优化课程内容，将前沿研究成果和行业实践经验及时纳入课程。比如，在计算机科学课程中，引入了最新的人工智能算法和应用案例；在管理学课程中，邀请企业高管分享实际管理经验。

在教学改革方面，该校积极推行翻转课堂教学模式。教师提前录制教学视频，学生在课外自主观看学习，课堂时间则用于讨论、答疑和实践操作。例如，在一门物理学课程中，教师通过视频讲解基本概念，课堂上学生分组进行实验探究和问题讨论。这种教学模式提高了学生的自主学习能力和课堂参与度。与此同时，学校还大力推广小组合作学习，鼓励学生共同完成项目和作业。在一门市场营销课程中，学生分组进行市场调研和营销方案策划，并在课堂上进行展示和互评。通过小组合作，学生不仅学到了专业知识，还培养了团队协作和沟通能力。

除此之外，学校加强了实践教学环节。与多家企业建立了产学研合作基地，为学生提供实习和实践项目。例如，工科学生可以在企业参与实际工程项目，文科学生可以参与企业的市场调研和文案策划。学校还鼓励学生参加各类学科竞赛和创新创业活动，并提供专门的指导和资金支持。在一次全国性的创新创业大赛中，该校学生的多个项目获得了优异成绩，部分项目还成功实现了商业化转化。

通过这些课程与教学改革的实践，该校学生的综合素质和就业竞争力得到了显著提升。毕业生受到了用人单位的广泛好评，学校的社会声誉也不断提高。

另一所师范院校在课程改革方面，注重教师教育课程的优化。增加了教育技术、心理健康教育等课程，以适应现代教育的需求。与此同时，开设了多样化的选修课程，如艺术教育、特殊教育等，满足学生不同的职业发展方向。

在教学改革中，该校引入了案例教学法。教师通过真实的教育案例，引导学生分析和解决教育教学中的实际问题。例如，在教育心理学课程中，通过分析学生的心理问题案例，让学生掌握心理辅导的方法和技巧。学校还建立了教学实践基地，让学生在真实的教学环境中进行实习和试讲，由经验丰富的教师进行指导和评价。

这些改革实践提高了师范专业学生的教育教学能力，为培养优秀的教师队伍奠定了坚实的基础。

课程与教学改革的实践需要结合学校的定位和学生的需求，不断探索创新，才能取得良好的效果，为培养适应社会发展的高素质人才做出贡献。

第二节　高校教学方法与手段的创新

一、新型教学方法的应用

在教育领域不断发展的今天，新型教学方法层出不穷，为提高教学质量和学生的学习效果发挥了重要作用。

问题导向学习法（Problem – Based Learning，PBL）是一种广受关注的新型教学方法。在这种方法中，教师不再是知识的直接传授者，而是通过提出具有启发性和现实意义的问题，引导学生自主探究和解决。例如，在医学教育中，教师可以给出一个复杂的病例，让学生通过查阅资料、小组讨论等方式，分析病情、提出诊断和治疗方案。这种方法能够激发学生的学习兴趣，培养他们的批判性思维和解决实际问题的能力。在实施过程中，学生需要主动收集信息、整合知识、提出假设并进行验证，从而深入理解所学内容。与此同时，小组讨论环节促进了学生之间的交流与合作，使他们能够从不同的角度思考问题，拓宽视野。

探究式学习法（Inquiry – Based Learning）也是一种重要的新型教学方法。它鼓励学生像科学家一样去探索未知，通过自主提出问题、设计实验、收集数据、分析结果来获取知识。比如在物理实验课上，学生可以针对某个物理现象提出自己的研究问题，然后设计实验方案进行验证。这种方法不仅使学生掌握了知识，更重要的是培养了他们的科学探究精神和创新能力。在探究的过程中，学生可能会遇到各种困难和挫折，这也锻炼了他们的毅力和解决问题的能力。教师在这个过程中扮演着引导者和支持者的角色，为学生提供必要的指导和资源。

情境教学法（Situational Teaching Method）通过创设生动具体的场景，将抽象的知识形象化，让学生在特定的情境中学习和理解知识。比如在语文教学中，教师可以通过角色扮演、模拟场景等方式，让学生身临其境地体验文学作品中的情节和情感。这种方法能够增强学生的情感体验，提高他们的学习积极性和参与度。例如，在教授古典诗词时，教师可以创设一个古代文人聚会的情境，让学生扮演诗人，吟诵诗词，感受当时的文化氛围和诗人的情感。情境教学法还能够帮助学生将所学知识与实际生活联系起来，提高知识的迁移和应用能力。

合作学习法（Cooperative Learning）强调学生之间的合作与互助。学生被分成小组，共同完成一个任务或解决一个问题。例如，在数学解题过程中，小组成员可以相互交流思路，共同探讨解题方法。这种方法培养了学生的团队合作能力、沟通能力和责任感。在合作学习中，每个学生都有机会发挥自己的优势，同时也能从他人那里学到新的知识和方法。教师需要合理分组，确保小组内成员具有不同的特点和能力，同时要制定明确的任务和规则，引导学生有效地进行合作。

案例教学法（Case - Based Teaching Method）以真实的案例为基础，引导学生进行分析和讨论。在法律、管理等学科中应用广泛。例如，在法律教学中，教师可以提供一个实际的法律案例，让学生分析案件中的法律问题，提出解决方案。这种方法能够让学生将理论知识与实际案例相结合，提高他们的分析和决策能力。通过对案例的深入研究，学生能够了解实际工作中的复杂情况，培养应对实际问题的能力。

以一堂高中生物课为例，教师采用问题导向学习法来讲解"细胞呼吸"这一知识点。教师首先提出问题："为什么我们在剧烈运动后会感到肌肉酸痛？"引发学生的思考和讨论。然后，学生分组查阅资料，提出关于细胞呼吸的假设，并设计实验来验证。在这个过程中，学生不仅深入理解了细胞呼吸的原理，还学会了如何运用科学方法解决问题。

新型教学方法的应用为教学带来了新的活力和机遇，能够更好地满足学生的学习需求，培养他们的综合素质和能力。

二、现代化教学手段的引入

随着科技的不断进步，现代化教学手段在教育领域的应用日益广泛，为教学带来了前所未有的变革。

多媒体教学是最常见的现代化教学手段之一。它融合了图像、声音、视频等多种元素，使教学内容更加生动、直观。例如，在地理课上，教师可以通过播放世界各地的风光视频，让学生直观地感受不同地区的地形、气候和文化；在历史课上，展示历史事件的纪录片和图片，帮助学生更好地理解历史背景和过程。多媒体教学能够吸引学生的注意力，激发他们的学习兴趣，提高学习效果。与此同时，教师可以利用多媒体课件，将复杂的知识以清晰、简洁的方式呈现出来，便于学生理解和记忆。

虚拟实验室为实验教学提供了新的途径。在一些实验条件受限或具有危险性的学科中，如化学、物理等，虚拟实验室发挥了重要作用。学生可以在虚拟环境中进行实验操作，观察实验现象，记录数据，并得出结论。这不仅解决了实验设备不足的问题，还能让学生反复进行实验，熟悉实验步骤和操作技巧。例如，在化学实验中，学生可以通过虚拟实验室模拟危险的化学反应，避免了实际操作中的安全风险。

在线教学平台打破了时间和空间的限制，为学生提供了更加便捷的学习方式。学生可以根据自己的时间安排，随时随地登录平台学习课程内容、完成作业、参加测试等。在线教学平台还具有互动交流功能，学生可以与教师和同学进行实时交流和讨论。除此之外，一些在线教学平台还提供了丰富的学习资源，如课程视频、电子教材、练习题等，满足了不同学生的学习需求。

智能教育软件为个性化学习提供了支持。这些软件可以根据学生的学习情况和特点，制订个性化的学习计划和推荐学习内容。例如，语言学习软件可以通过分析学生的发音、语法错误等，提供有针对性的练习和辅导；数学学习软件可以根据学生的错题情况，推送相关知识点的讲解和练习题目。智能教育软件还能够实时反馈学生的学习进度和成果，让学生及时了解自己的学习状况，调整学习策略。

移动学习终端的普及使学习变得更加灵活。学生可以通过手机、平板电脑等设备随时随地获取学习资源。例如，利用移动应用程序学习英语单词、阅读电子书籍、收听有声课程等。移动学习终端还支持拍照、录音、录像等功能，方便学生记录学习过程和成果。

以一堂大学物理课为例，教师使用多媒体课件展示了复杂的物理公式和实验过程，同时通过在线教学平台布置了课后作业和讨论话题。学生可以在平台上观看教师录制的课程视频进行复习，还可以利用虚拟实验室进行实验预习和巩固。除此之外，学生还通过智能教育软件进行个性化的练习和测试，提高了学习效果。

现代化教学手段的引入也面临一些挑战，如教师的技术应用能力有待提高、网络环境的稳定性和安全性需要保障、学生可能过度依赖技术而忽视了思考等。但只要合理运用，现代化教学手段必将为教育带来更大的发展空间。

三、教学方法与手段创新的效果评估

教学方法与手段的创新旨在提高教学质量和学生的学习效果，因此对其进行科学、全面的效果评估至关重要。

从学生的学习成绩来看，这是最直接和客观的评估指标之一。通过对比使用创新教学方法与手段前后学生的考试成绩、作业完成情况、测验得分等，可以直观地了解学生在知识掌握和技能提升方面的变化。例如，如果在数学教学中引入了小组合作学习和数学建模的教学方法，通过对比前后两次期末考试的平均分、优秀率和及格率，可以评估这种创新教学对学生数学成绩的影响。

学生的学习态度和兴趣也是重要的评估方面。可以通过问卷调查、课堂观察和学生访谈等方式，了解学生对教学方法与手段创新的接受程度和喜好程度。例如，询问学生是否觉得新的教学方法更有趣、更能激发他们的学习积极性，观察学生在课堂上的参与度是否提高，以及访谈学生是否对学习内容更感兴趣、更愿意主动学习。如果

学生在创新教学后表现出更积极的学习态度和更高的学习兴趣，说明创新取得了良好的效果。

学生的能力发展是评估教学创新效果的关键。包括创新思维能力、问题解决能力、合作交流能力、自主学习能力等。可以通过设置特定的任务或项目，观察学生在完成过程中的表现来评估这些能力的提升情况。例如，在科学课程中，让学生完成一个自主探究的实验项目，评估他们提出问题、设计实验、收集数据、分析结果和得出结论的能力；在团队合作项目中，观察学生的分工协作、沟通交流和解决分歧的能力。

教师的教学效果也是评估的重要组成部分。观察教师在使用创新教学方法与手段后的教学组织能力、引导能力、课堂管理能力等方面的变化。与此同时，通过教师的自我评价和同行评价，了解他们在教学过程中的感受和遇到的问题。例如，教师是否能够更有效地引导学生思考和讨论，是否能够更好地应对课堂中的突发情况，以及同行是否认为这种创新教学方法具有推广价值。

对教学资源的利用效率进行评估也很有必要。例如，评估在线教学平台的使用频率、资源下载量、互动交流情况等，了解学生和教师是否充分利用了这些现代化教学手段提供的资源。与此同时，考察新的教学方法是否节省了教学时间、提高了教学效率。

除此之外，还可以从长期影响的角度进行评估。观察学生在毕业后的发展情况，如在工作中的表现、继续学习的能力等，以评估创新教学方法与手段对学生综合素质的提高和未来发展的影响。

以一个初中英语教学的创新实践为例，教师采用了情境教学法和多媒体辅助教学，并引入了在线英语学习平台。通过对学生期末考试成绩的分析，发现学生的英语成绩有了显著提高；问卷调查显示，大部分学生表示对英语学习更感兴趣，愿意主动学习；在课堂活动中，学生的口语表达和团队合作能力也有了明显提升；教师在教学过程中能够更好地组织课堂活动，与学生互动更加有效；在线学习平台的资源得到了充分利用，学生在课后能够自主学习和巩固知识。综合这些评估结果，可以认为这次教学创新取得了良好的效果。

效果评估过程中也需要注意一些问题。评估指标要全面、科学，避免片面性；评估方法要多样化，结合定量和定性分析；评估要持续进行，不仅关注短期效果，还要关注长期影响。与此同时，要根据评估结果及时调整和改进教学方法与手段，以不断提高教学质量。

科学合理的效果评估能够为教学方法与手段的创新提供有力的反馈和指导，促进教育教学的不断发展和完善。

第三节　高校学生评价与激励机制的完善

一、学生评价体系的构建

在高校教育中，建立科学合理的学生评价体系对于促进学生的全面发展和提高教育质量具有至关重要的意义。

学生评价体系的构建首先要明确评价的目标。评价的目标不应仅仅局限于对学生知识掌握程度的衡量，更应注重对学生综合素质和能力的评估。这包括学生的学术能力、创新思维、实践能力、社会责任感、团队协作能力等多个方面。例如，对于学术能力的评价，不仅要看考试成绩，还要考虑学生在科研项目、学术论文写作等方面的表现；对于实践能力的评价，可以通过实习报告、实践项目成果等进行衡量。

评价指标的确定是构建评价体系的核心环节。这些指标应具有全面性、科学性和可操作性。全面性意味着要涵盖学生发展的各个方面，除了学业成绩，还应包括品德修养、身心健康、艺术素养等。科学性要求指标能够准确反映学生的真实水平和发展潜力，避免单一和片面的评价。例如，在评价学生的创新思维时，可以从提出新观点的能力、解决问题的独特性、对新事物的接受和应用能力等多个角度设立指标。可操作性则要求指标能够通过具体的方法和工具进行衡量和评估。

多元化的评价方法是构建有效评价体系的重要保障。传统的以考试为主的评价方法具有一定的局限性，无法全面反映学生的真实情况。因此，应结合多种评价方法，如课堂表现评价、作业评价、项目评价、实践评价、自我评价、同伴评价等。课堂表现评价可以观察学生的参与度、思维活跃度、表达能力等；作业评价可以了解学生对知识的掌握和应用能力；项目评价适用于对学生综合能力的考察，如团队合作、问题解决、创新能力等；实践评价能够反映学生在实际操作中的技能水平和应对问题的能力；自我评价有助于培养学生的自我反思和自我管理能力；同伴评价可以促进学生之间的相互学习和交流。

评价主体的多元化也是完善评价体系的关键。除了教师作为评价主体外，还应引入学生自身、同学、实习单位、家长等参与评价。学生的自我评价能够促使他们对自己的学习和发展进行深入思考；同学之间的相互评价可以提供不同的反馈视角；实习单位能够从实际工作的角度评价学生的专业能力和职业素养；家长对学生在家庭生活中的表现和个人品质有更深入的了解，他们的评价可以补充学校评价的不足。例如，在一个实习项目结束后，实习单位可以根据学生的工作表现、适应能力、职业态度等方面给出评价，与学校的评价相结合，形成更全面的评价结果。

评价结果的反馈与应用是评价体系的重要环节。评价结果应及时、准确地反馈给学生，让他们了解自己的优势和不足，明确努力的方向。与此同时，评价结果应作为学校改进教学、制定个性化培养方案的依据，以及学生评优评先、奖学金评定、升学就业推荐等方面的重要参考。例如，如果学生在某方面的评价结果不理想，学校可以为其提供针对性的辅导和培训；对于表现优秀的学生，给予相应的奖励和荣誉，激励他们继续进步。

以某高校的文科专业为例，该专业构建了一套包括课程作业、课堂讨论、小组项目、期末考试、实习报告、社会调研等多种评价方式的学生评价体系。评价主体不仅有教师，还有学生自己、小组成员和实习指导教师。评价结果不仅用于学生的成绩评定，还为教师调整教学内容和方法提供了依据，同时帮助学生制定个人发展规划。通过这样的评价体系，学生的综合素质得到了更全面评价的同时也有所提升。

构建科学合理的高校学生评价体系需要明确目标、确定全面科学的评价指标、采用多元化的评价方法和主体，并注重评价结果的反馈与应用，以促进学生的全面发展和教育质量的不断提高。

二、激励机制的设计与实施

在高校中，激励机制对于激发学生的学习积极性和促进其全面发展起着关键作用。激励机制的设计与实施需要综合考虑学生的需求、目标和学校的教育宗旨。

激励机制的设计首先要明确激励的目标。这可能包括提高学生的学业成绩、培养创新能力、增强社会责任感、促进身心健康发展等。例如，为了培养学生的创新能力，激励目标可以设定为鼓励学生参与科研项目、创新创业竞赛等，并为取得成果的学生提供相应的奖励。

激励形式的多样化是激励机制设计的重要方面。物质激励可以包括奖学金、奖品、津贴等，能够直接满足学生的物质需求。例如，设立高额的奖学金，奖励学业成绩优秀、科研成果突出或在社会实践中表现出色的学生。精神激励则包括荣誉称号、表彰、公开表扬等，满足学生的自尊和自我实现需求。比如，授予"优秀学生干部""学术之星""社会实践积极分子"等荣誉称号，增强学生的自豪感和成就感。发展激励侧重于为学生提供成长和发展的机会，如参加学术会议、实习推荐、留学交流机会等，有助于学生提升自身综合能力和竞争力。情感激励通过关心、支持和鼓励学生，建立良好的师生关系和校园氛围。例如，教师对学生的个性化指导和鼓励，能够让学生感受到温暖和信任。

公平公正的激励标准是激励机制有效实施的基础。标准应明确、具体、可衡量，避免主观性和模糊性。例如，奖学金的评定标准可以基于学业成绩、综合素质测评结果、社会实践表现等多个方面，每个方面都有清晰的量化指标和权重。与此同时，激励标准应向全体学生公开，让学生清楚地知道自己需要达到什么样的条件才能获得相应形式的激励。

激励机制的实施过程需要有效宣传和解读。学校应通过多种渠道，如官网、公告栏、班会等，向学生宣传激励政策和措施，确保学生了解激励的形式、标准和申请流程。与此同时，教师和辅导员要与学生保持密切沟通，解答学生的疑问，鼓励他们积极追求激励目标。例如，在新学年开始时，召开专门的激励机制宣讲会，详细介绍各项激励措施，并在学期中定期提醒学生关注激励机会。

及时兑现激励承诺是激励机制的关键环节。一旦学生达到激励标准，应迅速、准确地给予相应的激励。这不仅能够增强学生对激励机制的信任，还能进一步激发他们的积极性。例如，奖学金应按时发放到学生手中，荣誉称号应在公开场合正式授予。

除此之外，激励机制应具有动态调整和优化的能力。根据学生的反馈、学校的发展需求和社会环境的变化，及时调整激励形式、标准和范围，以确保激励机制的有效性和适应性。例如，如果发现某些激励措施对学生的吸引力不足，或者激励标准过高导致参与度低，可以进行相应的调整和改进。

以某高校的创新创业激励机制为例，学校设立了专项创新创业奖学金，为有创新想法和创业实践的学生提供资金支持。同时举办校内创新创业大赛，对获奖项目团队给予荣誉证书和创业资源对接的机会。学校通过多种渠道广泛宣传这些激励措施，并定期邀请创业成功的校友回校分享经验，激发学生的创新创业热情。对于在省级以上创新创业竞赛中获奖的学生，学校还提供额外的奖励和推荐参加更高层次的比赛。这种激励机制有效地激发了学生的创新思维和创业实践，培养了一批具有创新精神和创业能力的优秀学生。

激励机制的设计与实施需要综合考虑激励目标、形式、标准、宣传、兑现和调整等多个环节，以充分发挥激励机制对高校学生的积极引导作用，促进他们的全面发展和成长成才。

三、评价与激励机制的改进措施

随着教育理念的不断更新和社会需求的变化，高校学生的评价与激励机制也需要不断改进和完善，以更好地适应人才培养的目标和学生的发展需求。

要加强对评价与激励机制的定期审查和评估。学校应成立专门的工作小组，定期对现有的评价与激励机制进行全面审查，分析其在实施过程中存在的问题和不足。例如，通过收集学生、教师和家长的反馈意见，对比不同年级、专业学生的表现数据，评估现有机制是否公平、有效，是否达到了预期的激励效果。

基于审查和评估的结果，对评价指标和激励标准进行调整和优化。评价指标应更加注重学生的综合素质和能力的发展，减少对单一考试成绩的过度依赖。例如，增加对学生创新能力、实践能力、团队协作能力等方面的评价权重；激励标准应根据实际情况进行合理设定，既要具有挑战性，又要能够激发大多数学生的积极性。比如，适当降低某些激励项目的门槛，让更多学生有机会获得激励。

引入新的评价方法和激励形式也是改进的重要措施。随着信息技术的发展，可以利用大数据分析、人工智能等手段对学生的学习过程和行为进行更全面、精准的评价。例如，通过在线学习平台收集学生的学习轨迹、参与讨论的情况等数据，进行综合分析和评价。在激励形式方面，可以尝试与企业合作，为学生提供实习、就业推荐等更具实际价值的激励。与此同时，开展个性化的激励项目，根据学生的兴趣和特长，提供专属的发展机会和奖励。

加强教师培训，提高教师对评价与激励机制的理解和运用能力。教师是评价与激励机制的直接执行者，他们的专业素养和态度直接影响机制的实施效果。学校应为教师提供相关的培训课程和研讨会，帮助他们掌握最新的评价方法和激励策略，提高他们在教学过程中运用评价与激励手段促进学生发展的能力。

促进学生的参与和自我管理也是改进的重要方向。鼓励学生参与评价与激励机制的设计和改进过程，充分听取他们的意见和建议。例如，成立学生代表小组，与学校共同商讨评价指标和激励项目的设置；培养学生的自我管理意识，让他们在学习过程中能够根据评价标准进行自我监督和调整，提高学习的自主性。

建立完善的监督和反馈机制。对评价与激励机制的实施过程进行全程监督，确保其公开、公正、公平地执行。与此同时，建立畅通的反馈渠道，让学生和教师能够及时反映问题和建议。例如，设立专门的投诉邮箱和热线电话，定期召开反馈座谈会，及时处理和回应师生的关切。

例如，某高校在发现其原有的评价体系过于注重理论考试成绩后，经过审查和评估，对评价指标进行了调整，增加了实践课程成绩、科研项目参与度、社区服务表现等内容。与此同时，引入了在线学习平台的数据分析作为评价的一部分，并与多家知名企业合作，为在某些方面表现优秀的学生提供实习直通车和优先就业机会。除此之外，学校加强了教师培训，组织教师参加评价与激励的专题培训，并鼓励学生参与机制的改进讨论。通过这些改进措施，该校的评价与激励机制更加科学合理，有效激发了学生的学习积极性和创新精神。

评价与激励机制的改进是一个持续的过程，需要学校、教师、学生共同努力，不断探索和创新，以建立更加完善、有效的体系，促进高校学生的全面发展和成长。

第四节 高校校园文化建设与学生活动创新

一、校园文化的内涵与建设目标

高校校园文化作为一种独特的文化形态，具有丰富的内涵和重要的价值。它不仅是学校精神风貌的体现，更是影响学生成长和发展的重要环境因素。

校园文化的内涵首先体现在物质层面。这包括校园的建筑风格、景观设计、教学设施等硬件环境。一个优美、舒适、富有特色的校园环境能够给师生带来愉悦的心情和积极的学习工作氛围。例如，具有历史底蕴的校园建筑能够传递学校的传统和文化积淀；现代化的图书馆、实验室等设施则为学生的学习和研究提供了良好的条件。

精神层面是校园文化的核心。它涵盖了学校的办学理念、价值观念、校训校规等。办学理念反映了学校的教育宗旨和发展方向，如培养创新型人才、服务社会等。价值观念则影响着师生的行为准则和道德判断，如追求真理、尊重学术、团结协作等。校训校规作为具体的行为规范，引导着师生的日常行为。例如，"博学、审问、慎思、明辨、笃行"的校训激励着学生广泛学习、深入思考、坚定实践。

制度层面的校园文化包括学校的管理体制、运行机制、规章制度等。合理的管理制度能够保障学校的正常运转，促进教育教学活动的有序开展。例如，科学的教学管理制度能够确保教学质量，公平公正的奖惩制度能够激励师生积极进取。

行为层面的校园文化主要表现为师生的言谈举止、教学活动、学术交流、文体活动等。教师的教学风格、学生的学习态度、社团组织的活动方式等都反映了校园文化的特点。例如，活跃的学术讲座和研讨活动能够营造浓厚的学术氛围，丰富多彩的文体比赛能够展现学生的青春活力。

校园文化的建设目标是多方面的。其一，要营造积极向上的育人环境。通过校园文化的熏陶，培养学生的良好品德、社会责任感和创新精神，促进学生的全面发展。例如，通过开展志愿服务活动，培养学生的关爱他人、奉献社会的意识。

其二，增强学校的凝聚力和归属感。让师生对学校产生认同感和自豪感，形成共同的价值追求和行为准则，促进师生之间的交流与合作。比如，举办校庆活动，回顾学校的发展历程，激发师生的爱校情怀。

其三，提升学校的品牌形象和社会影响力。独特而优秀的校园文化能够吸引更多优秀的师生，提高学校的知名度和美誉度，为学校的发展赢得更多的资源和支持。例如，在国内外具有影响力的学术文化活动能够提升学校在相关领域的地位。

其四，推动学校的创新发展。鼓励师生在学术、艺术、科技等方面勇于探索和创新，为学校的发展注入新的活力和动力。例如，设立创新创业基金，支持学生开展创新实践项目。

以一所综合性大学为例，其校园建筑融合了传统与现代元素，体现了学校对传承与创新的追求。学校秉持"以人为本、追求卓越"的办学理念，倡导"严谨治学、开拓创新"的价值观念。在制度上，建立了完善的学术评价机制和学生管理体系。在行为方面，开展了丰富多样的学术讲座、文化节、体育比赛等活动。通过这些方面的建设，营造了浓厚的学术氛围、和谐的校园环境和积极向上的校园风气，培养了大批优秀人才，提升了学校的综合实力和社会声誉。

校园文化的内涵丰富多样，建设目标明确而重要。高校应充分认识到校园文化的价值，不断加强校园文化建设，为培养高素质人才和学校的可持续发展创造良好的条件。

二、学生活动创新的思路与方法

在高校校园中，学生活动是校园文化的重要组成部分，对于学生的综合素质提升和全面发展具有重要意义。为了更好地满足学生的需求和提高活动效果，创新学生活动的思路与方法显得尤为重要。

以需求为导向是创新学生活动的首要思路。深入了解学生的兴趣爱好、专业特点和发展需求，有针对性地设计活动。例如，对于理工科学生，可以组织科技竞赛、创新实验等活动；对于文科学生，可以开展文学创作、演讲辩论等比赛。通过问卷调查、座谈会等方式收集学生的意见和建议，及时调整活动内容和形式。

跨学科融合是一种创新的活动设计思路。打破学科界限，组织跨专业的学生共同参与活动。例如，举办跨学科的项目挑战赛，要求不同专业的学生组成团队，共同解决一个复杂的实际问题。这样的活动不仅能够拓宽学生的知识面，还能培养学生的团队协作和跨学科思维能力。

利用新媒体和新技术是创新学生活动的重要手段。借助互联网平台、移动应用等工具，丰富活动的传播渠道和参与方式。比如，通过线上直播的方式举办讲座、论坛，让更多学生能够参与；利用虚拟现实（VR）、增强现实（AR）技术开展沉浸式的体验活动，增加活动的趣味性和吸引力。

注重实践与体验是创新学生活动的关键。减少传统的理论讲授型活动，增加实践操作和体验环节。例如，组织学生参与社区服务、企业实习、户外调查等活动，让学生在实践中锻炼能力，积累经验。开展户外拓展、手工制作、角色扮演等体验式活动，增强学生的参与感和获得感。

引入社会资源是拓展学生活动创新的有效途径。与企业、社会组织合作，共同举办活动。企业可以提供资金支持、实践项目和专业指导，社会组织可以带来丰富的社会经验和资源。比如，与知名企业合作举办职业规划大赛，邀请企业高管担任评委和导师；与公益组织合作开展志愿服务活动，让学生接触到社会的不同层面。

强调个性化和自主化是创新学生活动的趋势。尊重学生的个性差异，提供多样化的活动选择，让学生能够根据自己的兴趣和特长自主参与。例如，设立学生活动自主申报机制，鼓励学生自主策划和组织感兴趣的活动，学校给予一定的支持和指导。

以一次成功的学生活动创新为例，某高校针对艺术设计专业学生举办了"创意城市改造"活动。活动结合了建筑、设计、社会学等多学科知识，邀请了相关企业提供实际项目和资金支持。学生们通过实地调研、方案设计、模型制作等环节，将自己的创意应用于城市老旧区域的改造中。活动利用新媒体进行全程宣传和成果展示，吸引了众多师生和社会关注。这次活动不仅提升了学生的专业能力，还培养了他们的社会责任感和创新精神。

创新学生活动需要从需求出发，融合多种元素，利用新技术，加强实践体验，引入社会资源，注重个性化，不断探索新的思路和方法，为学生提供更加丰富多彩、富有意义的活动体验。

三、校园文化与学生活动创新的实践

在高校的发展历程中，校园文化与学生活动的创新实践不断涌现，为学生的成长和学校的发展注入了新的活力。

例如，某高校注重校园文化的塑造，将学校的历史传统与现代教育理念相结合。在校园环境建设中，保留了具有历史意义的建筑，并在其周边打造了具有特色文化氛围的景观区域，如诗词长廊、名人雕像园等。与此同时，学校大力弘扬校训精神，通过举办主题讲座、征文比赛等活动，让校训深入人心，成为师生共同的价值追求。

在学生活动创新方面，该校开展了一系列具有特色的活动。例如，"文化创意集市"活动，为学生提供了一个展示和销售自己创意作品的平台。学生们可以将自己的绘画、手工制品、设计作品等进行展示和交易，不仅锻炼了实践能力，还激发了创新思维。除此之外，学校还组织了"学术擂台赛"，不同专业的学生围绕某个学术热点问题展开辩论和研讨，促进了学科之间的交流与融合。

为了将校园文化与学生活动有机结合，该校举办了"校园文化节"。文化节期间，开展了丰富多彩的活动，包括传统文化表演、校园歌手大赛、科技成果展等。这些活动既体现了学校的文化特色，又满足了学生的多元需求。与此同时，学校鼓励学生社团在文化节中发挥主导作用，各社团结合自身特点，举办了与校园文化相关的特色活动，如书法社的书法展览、文学社的诗歌朗诵会等。

在另一个案例中，某高校将创新创业文化融入校园文化建设中。学校设立了创业孵化基地，为学生的创业项目提供场地、资金和指导。与此同时，举办各类创新创业大赛，如"互联网＋"创新创业大赛等，激发学生的创业热情。在学生活动方面，开展了"创业沙龙"活动，邀请成功的创业者分享经验，组织学生进行创业项目路演，为学生提供了与投资者和企业家交流的机会。

除此之外，高校还可以通过国际交流活动丰富校园文化和学生活动。组织学生参加国际学术会议、文化交流活动、短期留学项目等，拓宽学生的国际视野。与此同时，举办"国际文化周"，展示不同国家的文化特色，促进多元文化的交流与融合。

例如，某高校在国际文化周期间，安排了各国美食展、民族服装秀、国际音乐晚会等活动。学生们不仅可以品尝到世界各地的美食，还能欣赏到不同国家的艺术表演，增进了对不同文化的了解和尊重。与此同时，学校还鼓励学生参与国际志愿者活动，如参与国际环保项目、文化遗产保护等，培养学生的全球意识和社会责任感。

这些实践案例表明，校园文化与学生活动的创新需要结合学校的特色和学生的需

求，不断探索新的形式和内容。通过丰富多彩的活动，营造积极向上的校园文化氛围，促进学生的全面发展和个性成长。

在实践过程中也会遇到一些挑战，如活动经费不足、资源分配不均、组织协调困难等。面对这些问题，学校需要加强统筹规划，合理配置资源，提高活动的组织效率和质量。与此同时，要注重活动的评估和反馈，根据学生的意见和建议不断改进和完善，使校园文化和学生活动能够更好地服务于学生的成长和发展。

校园文化与学生活动的创新实践是一个不断探索和发展的过程，需要学校、教师和学生共同努力，不断创造出具有特色和影响力的校园文化品牌和学生活动精品。

第五节　高校学生管理与服务工作的优化

一、学生管理工作的优化策略

在高校教育中，学生管理工作是保障学校正常教学秩序、促进学生全面发展的重要环节。随着社会的发展和学生需求的变化，不断优化学生管理工作策略显得尤为重要。

建立健全科学合理的管理制度是优化学生管理工作的基础。制度应涵盖学生的学习、生活、行为规范等各个方面，明确学生的权利和义务，以及违反规定的相应处理办法。例如，制定完善的考勤制度、考试制度、宿舍管理制度等。与此同时，制度的制定要充分考虑学生的特点和需求，遵循教育规律、道德规范和法律法规，确保制度的合法性、合理性和可操作性。

加强管理队伍建设是提升学生管理水平的关键。选拔具有高度责任心、良好沟通能力和丰富管理经验的人员组成学生管理团队。通过定期培训和学习交流活动，提高管理人员的专业素养和业务能力，使其掌握先进的管理理念和方法。例如，开展学生心理辅导、应急处理、沟通技巧等方面的培训课程，提升管理人员的综合能力。

运用信息化手段可以提高学生管理工作的效率和精准度。利用学生管理信息系统，实现学生信息的集中管理和实时更新，方便管理人员随时查询和分析学生的各类数据，如学习成绩、奖惩情况、社会实践经历等。与此同时，通过信息化平台发布通知、开展在线教育和交流活动，提高信息传递的及时性和覆盖面。例如，使用本校的手机 App 让学生随时随地了解学校的各项管理规定和活动安排。

注重学生的自我管理和自我教育是现代学生管理工作的重要理念。引导学生成立各类自治组织，如学生会、社团联合会等，让学生参与学校的管理和决策过程，培养他们的责任感和团队合作精神。例如，在宿舍管理中，可以让学生参与宿舍卫生检查和文明宿舍评选工作，增强他们的自律意识。

加强与家长的沟通与合作也是优化学生管理工作的有效途径。定期向家长反馈学生的在校情况，听取家长的意见和建议，形成家校教育合力。例如，召开家长会、建立家长微信群等，及时沟通学生的学习和生活问题，共同促进学生的成长。

实施个性化管理是满足学生多样化需求的重要策略。根据学生的不同特点和发展需求，制定个性化的管理方案。例如，对于学习困难的学生，提供专门的辅导和帮扶计划；对于有特长的学生，提供展示和发展的平台。

以某高校为例，学校通过完善学生综合素质测评制度，将学生的学习成绩、社会实践、创新能力等纳入综合评价体系，引导学生全面发展。与此同时，加强辅导员队伍建设，为辅导员配备专业导师，提升辅导员的业务水平。利用信息化平台实现了学生请假、选课等事务的在线办理，大大提高了管理效率。除此之外，鼓励学生成立各类社团组织，自主开展活动，培养了学生的自我管理能力。通过这些优化策略的实施，学校的学生管理工作更加科学、高效，学生的满意度显著提高。

优化学生管理工作需要从制度建设、队伍培养、信息化应用、自我管理、家校合作和个性化服务等多方面入手，不断创新管理理念和方法，以适应新时代高校学生管理工作的需求。

二、高校学生服务工作的提升要点

高校学生服务工作是学校教育教学工作的重要补充，对于提高学生的学习和生活质量、促进学生的全面发展具有重要意义。为了提升高校学生服务工作的质量和水平，需要关注以下几个要点。

要树立以学生为中心的服务理念。将学生的需求放在首位，主动了解学生的期望和诉求，为学生提供热情、周到、细致的服务。从学生的入学接待、住宿安排，到学习过程中的辅导咨询、就业指导，都要体现出对学生的关爱和尊重。例如，设立专门的学生服务中心，为学生提供一站式服务，解决学生在学习和生活中遇到的各种问题。

加强心理健康服务是提升学生服务工作的重要方面。随着社会竞争的加剧和学习压力的增大，学生的心理健康问题日益突出。高校应建立完善的心理健康教育体系，包括开设心理健康课程、开展心理咨询和辅导、建立心理危机干预机制等。例如，配备专业的心理咨询师，为学生提供个体咨询和团体辅导；开展心理健康普查，建立学生心理健康档案，对有心理问题的学生进行跟踪和干预。

提升就业服务质量对于学生的未来发展至关重要。高校应加强就业指导，帮助学生树立正确的职业观和就业观，提高学生的就业竞争力。这包括开展职业规划课程、举办招聘会和实习实训活动、提供就业信息和推荐就业岗位等。例如，邀请企业专家和成功校友举办职业讲座，分享求职经验和职场技巧；与企业建立长期合作关系，为学生提供更多的实习和就业机会。

改善学习支持服务也是学生服务工作的重点。为学生提供良好的学习环境和资源，如图书馆、实验室、学习空间等，并加强对学生学习困难的帮扶和学习方法的指导。例如，图书馆延长开放时间，增加电子资源的采购；组织学习经验交流会，帮助新生尽快适应大学学习。

完善生活服务设施是提高学生满意度的基础。加强宿舍、食堂、运动场馆等生活设施的建设和管理，为学生提供舒适、便捷的生活条件。例如，改善宿舍的住宿条件，提供多样化的餐饮选择，增加运动设施的种类和数量。

加强对特殊群体学生的服务关怀是体现教育公平的重要举措。对于贫困生、残疾生、少数民族学生等特殊群体，要给予更多的关注和帮助，制定专门的帮扶政策和措施。例如，设立贫困生助学金、为残疾生提供无障碍设施和特殊辅导、尊重少数民族学生的风俗习惯和宗教信仰。

以某高校为例，学校成立了学生发展指导中心，整合了心理健康、职业规划、学习指导等服务功能，为学生提供全方位的个性化服务。与此同时，学校加大了对贫困生的资助力度，除了提供助学金外，还为他们提供勤工俭学岗位和社会实践机会。除此之外，学校不断改善食堂的饮食质量和种类，优化宿舍管理服务，受到了学生的广泛好评。

提升高校学生服务工作需要关注学生的全面需求，不断完善服务体系，提高服务质量，为学生创造一个良好的学习和生活环境，促进他们的成长和发展。

三、管理与服务优化的实际成效

高校学生管理与服务工作的优化是一个持续的过程，通过不断改进和创新，已经取得了显著的实际成效。在学生管理方面，优化策略的实施带来了多方面的积极变化。

（一）学生的纪律意识和自律能力得到了明显提高

健全的管理制度和有效的执行，使学生更加明确行为规范和准则，自觉遵守学校的各项规定。例如，逃课、作弊等不良现象显著减少，课堂秩序和学习氛围得到了极大改善。

（二）学生的综合素质得到了全面提升

个性化的管理方案为学生提供了更多发展的机会和空间，使他们能够充分发挥自己的特长和潜力。在各种竞赛和实践活动中，学生展现出了更高的创新能力、团队协作能力和解决问题的能力。

（三）管理队伍的专业化建设增强了指导和帮助学生的能力

管理人员能够更好地处理学生的问题和矛盾，及时给予关心和支持，促进了学生的心理健康和良好人际关系的建立。

在服务工作的提升方面，实际成效也十分显著。以学生为中心的服务理念使学生的满意度大幅提高。学生在学习和生活中遇到问题能够得到及时有效的解决，感受到了学校的关怀和温暖。

心理健康服务的加强有效降低了学生的心理问题发生率。通过早期的干预和辅导，许多学生能够正确应对学习和生活中的压力，保持积极乐观的心态。

就业服务质量的提升使学生的就业率和就业质量显著提高。更多的学生能够找到与自己专业和兴趣相匹配的工作，实现了从校园到职场的顺利过渡。

学习支持服务的改善促进了学生的学业进步。良好的学习环境和资源，以及有效的学习指导，使学生的学习成绩普遍提高，专业素质明显提升。

生活服务设施的完善为学生提供了舒适、便捷的生活条件，增强了学生对学校的归属感和认同感。

特殊群体学生在得到更多关怀和帮助后，能够更好地融入校园生活，充分发挥自己的才能，实现自身的价值。

例如，某高校在优化学生管理与服务工作后，学生的违纪行为减少了50%，参与创新创业项目的学生数量增加了80%。毕业生的就业率提高了15%，就业满意度也有了显著提升。学生对学校服务的满意度从70%提高到了90%以上。

管理与服务优化工作仍然面临一些问题和挑战。例如，如何进一步满足学生日益多样化和个性化的需求，如何不断提高管理与服务人员的素质和能力，如何建立更加科学有效的评估机制等。

面对这些挑战，高校需要持续关注学生的需求变化，不断改进工作方法和流程，加强人员培训和考核，完善评估和反馈机制，以进一步提高学生管理与服务工作的质量和水平，为学生的成长和发展提供更有力的支持和保障。

高校学生管理与服务工作的优化取得了显著的实际成效，但仍需不断努力，以适应社会发展和学生需求的变化，为培养高素质的人才创造更好的条件。

第五章　高校学生教育管理的创新技术应用

随着科技的不断进步，越来越多的创新技术应用于高校学生教育管理中。如虚拟现实（VR）技术可以为学生提供沉浸式的学习体验；智能辅导系统可以根据学生的学习情况提供个性化的学习建议；移动终端应用程序方便学生随时随地获取教育管理信息。

第一节　大数据在高校学生教育管理中的应用

一、大数据在高校学生教育管理中的作用

在当今数字化时代，大数据在高校学生教育管理中发挥着日益重要的作用，为提高管理效率、优化教育服务和促进学生全面发展提供了有力支持。

（一）大数据有助于实现精准的学生画像

通过收集和分析学生的各类数据，如学习成绩、选课记录、图书馆借阅情况、校园卡消费记录、参与社团活动的信息等，可以全面了解学生的兴趣爱好、学习习惯、生活规律和社交行为。这使得学校能够更准确地把握每个学生的特点和需求，形成精准的学生画像，为个性化的教育管理提供依据。例如，对于学习成绩波动较大的学生，可以通过数据分析找出其在学习过程中可能存在的问题，如特定课程的学习困难、时间管理不当等，从而有针对性地提供辅导和支持。

（二）大数据能够提高学生管理决策的科学性

传统的学生管理决策往往基于经验和直觉，而大数据可以提供更客观、全面的数据支持。学校管理者可以依据数据分析结果来制定和调整管理政策、资源分配方案和服务措施。比如，通过分析学生对不同课程的选修热度和满意度，学校可以合理调整课程设置和师资配备；根据学生宿舍的使用情况和需求数据，优化宿舍分配和设施改造计划。

（三）大数据增强了学生教育管理的预警功能

通过实时监测学生的学习、生活数据，能够及时发现潜在的问题和风险，如学生的学习成绩突然下滑、心理状态异常、经济困难等。提前预警可以让学校及时采取干预措施，避免问题恶化。例如，当系统监测到学生连续多门课程缺勤或考试成绩不及格时，自动向辅导员和任课教师发送预警信息，以便他们及时与学生沟通，了解情况并提供帮助。

（四）大数据还能够促进学生教育管理的协同工作

不同部门之间可以整合和共享学生数据，打破信息孤岛，实现协同管理。教务处、学生处、财务处、心理咨询中心等部门能够更紧密地合作，共同为学生提供服务。例如，在处理学生的综合事务时，各部门可以通过共享的数据平台，全面了解学生的情况，避免重复工作和信息不一致，提高工作效率和服务质量。

除此之外，大数据可以提升学生教育管理的服务质量。基于对学生需求和行为的深入了解，学校能够提供更精准、贴心的服务。比如，根据学生的饮食偏好和消费习惯，优化食堂的菜品供应；根据学生的出行数据，合理安排校园交通服务；通过分析学生对校园活动的参与情况，举办更符合学生兴趣的文体活动。

以某高校为例，学校利用大数据分析学生的上网行为和图书馆借阅记录，发现部分学生在期末复习阶段过度依赖网络资源而忽视了教材和经典著作的阅读。基于这一发现，学校图书馆推出了一系列阅读推广活动，并在相关课程中加强了对学生阅读方法的指导，有效改善了学生的学习习惯。

大数据在高校学生教育管理中具有多方面的重要作用，能够帮助学校更好地了解学生、优化管理决策、防范风险、协同工作和提升服务质量，为学生的成长和发展创造更有利的环境。

二、大数据在高校教学中的应用场景

大数据在高校教学中有着广泛而深入的应用，为教学模式创新、教学质量提升和学生个性化学习提供了丰富的可能性。

在教学资源优化方面，大数据可以通过分析学生对各类教学资源的访问和使用情况，如在线课程的观看时长、下载次数、教材的浏览频率等，了解学生的需求和偏好，从而有针对性地优化教学资源的配置。例如，如果发现某门课程的在线视频教程观看率低，可能意味着其内容或呈现方式需要改进；如果某本教材的浏览率持续较高，学校可以考虑提供更多的电子版本。

对于教学方法改进，大数据能够收集和分析课堂互动数据，包括学生的提问、回答、讨论参与度等，以及教师的教学行为数据，如讲解时间、提问方式、案例引用等。通过这些数据的挖掘，可以评估不同教学方法的效果，发现教学过程中的优点和不足，为教师提供改进教学方法的依据。比如，通过分析发现小组讨论式教学能够显著提高学生的参与度和学习效果，教师可以在后续的课程中更多地采用这种教学方法。

在学生学习行为分析方面，大数据可以跟踪学生的学习轨迹，如登录学习平台的时间、完成作业的时长和正确率、参加在线测试的成绩等。这些数据能够揭示学生的学习习惯、学习效率和知识掌握程度。例如，发现学生在晚上的学习效率较高，学校可以适当调整在线学习资源的开放时间；如果某个知识点的错误率普遍较高，教师可以在课堂上重点讲解并安排有针对性的练习。

大数据还支持个性化学习方案的制定。根据学生的学习数据，包括学习进度、成绩表现、学科优势和薄弱环节等，为每个学生制订个性化的学习计划和课程推荐。例如，对于数学基础较好但英语较弱的学生，系统可以推荐更多的英语学习资源，并为其安排有针对性的辅导课程；对于学习进度较快的学生，提供更具挑战性的拓展课程和研究项目。

在教学评价方面，大数据可以整合多维度的评价数据，如学生评价、同行评价、教学成果数据等，形成全面、客观的教学评价报告。这有助于教师了解自己的教学效果，发现问题并及时调整教学策略，同时也为学校的教学管理提供决策依据。比如，通过综合分析发现某位教师的教学在激发学生兴趣方面表现出色，但在知识巩固方面有待加强，学校可以为其提供相应的培训和支持。

以某高校的计算机编程课程为例，教师通过大数据分析发现学生在循环结构的理解和应用上存在普遍困难。于是，教师调整了教学计划，增加了相关的实例讲解和练习，并利用在线学习平台为学生推送了针对性的辅导资料和练习题。经过一段时间的跟踪和分析，学生对这部分内容的掌握程度有了显著提高。

大数据在高校教学中的应用场景丰富多样，涵盖了教学资源优化、教学方法改进、学习行为分析、个性化学习和教学评价等多个方面，为提升教学质量和学生学习效果提供了有力的支持。

三、在高校应用大数据的风险与防范

大数据在高校学生教育管理中的广泛应用，虽然带来了诸多便利和优势，但也不可避免地带来了一系列风险，需要我们高度重视并采取有效的防范措施。

数据安全和隐私泄露是首要风险。高校所收集和存储的学生数据包含大量个人敏感信息，如身份证号、家庭住址、学习成绩、健康状况等。如果这些数据遭到黑客攻击、内部人员违规操作或数据存储系统出现漏洞，可能导致数据被窃取、篡改或滥用，给学生带来严重的隐私侵犯和安全威胁。例如，个人信息被泄露可能导致学生遭受诈骗、骚扰等问题。

数据质量和准确性问题也不容忽视。数据来源广泛且复杂，如果数据采集过程不规范、数据录入错误或数据更新不及时，可能导致分析结果出现偏差，从而影响决策的科学性和准确性。比如，基于错误的成绩数据对学生进行评价和辅导，可能会对学生的发展造成误导。

除此之外，大数据应用可能导致过度依赖数据而忽视了人的主观判断和情感因素。

在学生管理和教学中，有些情况无法仅仅通过数据来准确衡量，如学生的心理状态、创造力和道德品质等。如果过度依赖大数据的分析结果，可能会忽略学生的个体差异和特殊情况，造成不公平和不人性化的管理决策。

针对这些风险，我们可以采取以下防范措施。

在数据安全和隐私保护方面，高校应建立完善的数据安全管理体系，包括加强网络安全防护、对数据进行加密存储和传输、严格限制数据访问权限、对数据处理人员进行安全培训和道德教育等。与此同时，要遵守相关法律法规，如网络安全法、个人信息保护法等，确保数据处理的合法性和合规性。

为保证数据质量和准确性，高校应规范数据采集流程，建立数据审核和验证机制，定期对数据进行清理和更新。与此同时，加强数据管理人员的专业素养和责任意识，确保数据的可靠性。

在避免过度依赖数据方面，高校应强调人的主观判断和经验在教育管理中的重要性，培养教育工作者的数据素养和批判性思维能力，使他们能够正确解读和运用大数据分析结果，并结合实际情况进行综合判断。除此之外，要建立数据使用的监督和评估机制，及时发现和纠正不当的数据应用。

例如，某高校在引入大数据管理系统后，制定了严格的数据安全制度，对涉及学生隐私的数据进行了分类分级管理，并采用了先进的加密技术。与此同时，定期对数据进行质量检查，发现问题及时修正。还组织教师进行数据应用培训，强调在参考数据的同时要关注学生的个体特点，避免一刀切的管理方式。

虽然大数据为高校管理带来了巨大的便利，但我们必须清醒地认识到其可能带来的风险，并采取切实可行的防范措施，以确保大数据的应用能够真正为高校学生教育管理服务，同时保障学生的合法权益和个人隐私。

第二节　人工智能与高校教育管理的融合

一、人工智能在高校教育管理中的优势

在当今数字化和智能化的时代，人工智能（AI）正逐渐融入高校教育管理的各个领域，展现出诸多显著的优势，为提升教育管理的效率、质量和个性化服务水平带来了新的机遇。

（一）人工智能能够实现高效的自动化管理流程

传统的高校教育管理往往涉及大量烦琐的行政事务，如学生信息登记、课程安排、成绩录入等，这些工作不仅耗费人力和时间，还容易出现人为错误。而人工智能技术，如机器人流程自动化（RPA）和智能办公系统，可以自动处理这些重复性任务，大大

提高工作效率。例如，通过自动化的学生信息管理系统，能够快速准确地完成新生入学的信息录入和更新，减少了人工操作的时间和错误率。

（二）人工智能有助于提供精准的预测和决策支持

利用机器学习算法和数据分析，AI可以对学生的学习行为、成绩趋势、就业倾向等进行深度分析和预测。这使得教育管理者能够提前发现潜在的问题和需求，制定更具针对性的策略和措施。例如，通过分析学生的历史成绩和学习行为数据，预测哪些学生可能在某个学科上遇到困难，从而提前为他们提供辅导资源和支持。

（三）人工智能能够实现个性化的教育服务

每个学生都有独特的学习风格、兴趣和需求，AI可以根据对学生个体数据的分析，为其量身定制学习计划、推荐课程和学习资源。例如，自适应学习系统可以根据学生的实时学习表现调整教学内容和难度，为每个学生提供最适合的学习路径，从而提高学习效果和满意度。

除此之外，人工智能在智能辅导和答疑方面表现出色。在线智能辅导系统能够随时为学生提供即时的帮助和解答，无论是在课后作业还是自主学习过程中。这些系统可以理解学生的问题，并以清晰、易懂的方式进行解释和指导。例如，自然语言处理技术使智能辅导系统能够理解学生用自然语言提出的问题，并提供准确的答案和相关的学习资料。

人工智能还能提升教育资源的优化配置。通过对教学设施使用情况、课程选修热度、教师授课评价等数据的分析，AI可以帮助学校合理分配教学资源，如教室、实验室设备、师资等，确保资源得到充分利用，避免浪费和短缺现象。

以某高校为例，该校引入了基于人工智能的学生行为分析系统，通过对学生在校园内的消费行为、图书馆借阅记录、网络学习行为等多维度数据的分析，学校能够更精准地了解学生的兴趣爱好和学习需求。基于这些分析结果，学校为学生提供了个性化的职业规划建议和选修课程推荐，同时也调整了图书馆的图书采购策略和校园活动安排，极大地提高了学生的满意度和参与度。

人工智能在高校教育管理中的应用具有多方面的优势，能够显著提高管理效率、优化教育决策、提供个性化服务，为高校教育的发展和创新注入了强大的动力。

二、融合的具体方式与实践

人工智能与高校教育管理的融合是一个逐步深入和多样化的过程，通过多种具体方式在不同领域得到了实践和应用。

在学生管理方面，智能考勤系统利用人脸识别或指纹识别技术，实现了准确、高效的考勤记录，减少了人工点名的烦琐和误差。与此同时，通过对学生日常行为数据的分析，如宿舍门禁记录、校园活动参与情况等，能够及时发现学生的异常行为，如长期缺勤、过度熬夜等，为辅导员提供预警，以便及时干预和帮助。例如，某高校的智能宿舍管理系统发现一名学生连续多天晚归且情绪低落，辅导员及时与其沟通，了解到学生因家庭问题产生困扰，随后为其提供了心理辅导和相关支持。

在教学管理中，智能排课系统根据课程要求、教师资源、教室设施等多种因素，自动生成最优的课程安排方案，避免了人工排课可能出现的时间冲突和资源分配不均。自适应学习平台根据学生的学习进度和能力，为其推送个性化的学习内容和练习题目，实现了差异化教学。例如，一些在线教育平台利用人工智能算法，为学生推荐适合其水平的英语学习课程和练习，提高了学习效率。

在教学评价方面，自然语言处理技术可以对学生的作业、论文、考试答案等进行自动批改和分析，减轻了教师的工作负担。与此同时，通过对学生的评价数据进行挖掘，能够为教学质量的评估和改进提供依据。例如，某高校使用智能作文批改系统，不仅能够快速指出语法错误和逻辑问题，还能给出写作建议和范文推荐，帮助学生提高写作水平。

在招生与就业管理中，人工智能可以对大量的招生数据和就业市场信息进行分析，预测招生趋势和就业需求，为学校的招生计划和专业设置提供参考。例如，通过分析历年招生数据和社会经济发展趋势，学校可以调整某些专业的招生规模，以适应市场需求。智能就业推荐系统根据学生的专业、成绩、实习经历等信息，为学生匹配适合的就业岗位，提高就业成功率。

在教育资源管理方面，人工智能可以实现对图书馆藏书、电子资源的智能化管理和推荐。通过分析学生的借阅记录和阅读偏好，为图书馆采购图书提供决策支持，提高资源的利用率。例如，某高校图书馆的智能推荐系统根据学生的专业和借阅历史，为其推荐相关领域的最新书籍和研究报告。

以一所综合性大学为例，该校建立了一体化的智能教育管理平台，涵盖了学生管理、教学管理、教学评价、招生就业等多个模块。在学生管理中，利用大数据分析和机器学习算法，对学生的学业表现和行为数据进行监测和预警，及时发现可能面临学习困难的学生，并为其提供个性化的辅导和支持。在教学管理方面，智能排课系统和自适应学习平台的应用，提高了教学资源的利用效率和学生的学习效果。在招生就业环节，通过对招生和就业数据的深度分析，优化了招生专业结构和就业服务，提升了学校的竞争力和社会声誉。

在融合过程中也面临一些问题，如技术成本较高、教师和管理人员的技术素养有待提升、数据安全和隐私保护等问题。但随着技术的不断发展和应用经验的积累，这些问题将逐步得到解决，人工智能与高校教育管理的融合将更加深入和完善。

三、人工智能应用的挑战与应对

尽管人工智能在高校教育管理中的应用带来了显著的优势和创新，但同时也面临着一系列挑战，需要我们认真对待并采取有效的应对策略。

技术复杂性和高成本是首要的挑战之一。引入人工智能系统需要大量的资金投入，包括硬件设备采购、软件费用、系统维护和升级等。除此之外，技术的不断更新换代也要求高校持续投入资金以保持系统的先进性。对于一些资源有限的高校来说，这可能是一个沉重的负担。例如，建立一个先进的智能教学平台可能需要数百万的初始投资，而且每年还需要额外的数十万元用于维护和改进。

数据质量和隐私问题也是不容忽视的挑战。人工智能系统的准确性和有效性在很大程度上依赖于数据的质量和完整性。如果数据存在错误、缺失或不一致，可能会导致分析结果的偏差和错误决策。与此同时，大量学生和教师的个人数据在收集、存储和使用过程中，必须严格遵守隐私法规，防止数据泄露和滥用。比如，若学生的成绩数据被不当披露，可能会对其造成心理压力和声誉损害。

教师和管理人员对新技术的接受和应用能力参差不齐也是一个现实问题。一些年长的教师和管理人员可能对新技术存在抵触情绪，或者缺乏足够的数字技能来有效利用人工智能工具。这可能导致技术的推广和应用受阻，无法充分发挥其优势。例如，一些教师可能不熟悉如何操作智能教学辅助系统，或者对学生数据分析结果的解读存在困难。

除此之外，人工智能算法的公正性和公开性也无法全面落实。如果算法存在偏见或不透明，可能会导致不公平的教育决策，如学生评价、资源分配等。例如，一个基于有偏差数据训练的奖学金评定算法可能会对某些学生群体造成不公平待遇。

为了应对这些挑战，高校可以采取一系列措施。

在资金方面，可以通过多种渠道筹集资金，如争取政府专项拨款、与企业合作共建、引入社会捐赠等。与此同时，要进行成本效益分析，合理规划技术投资，优先选择对教育管理有重大影响且性价比高的人工智能应用。

对于数据质量和隐私保护问题，高校应建立严格的数据管理规范和流程，确保数据的准确性、完整性和安全性。对数据的收集、存储和使用进行合规审查，采用加密技术保护敏感数据，并定期进行数据审计和风险评估。

为提高教师和管理人员的技术素养，高校应提供有针对性的培训和支持，包括技术培训课程、在线学习资源、专家指导等。鼓励教师和管理人员积极参与技术应用的实践和探索，分享成功经验，形成良好的技术应用氛围。

关于算法公正性和透明度，高校应建立算法审查机制，确保人工智能算法基于公正和无偏见的数据进行计算，并对算法的决策过程进行解释和说明。在重要的教育决策中，应结合人工审核和监督，避免完全依赖算法。

例如，某高校在引入人工智能教学辅助系统时，通过与一家科技企业合作，获得了部分技术支持和资金投入，降低了初期成本。与此同时，成立了专门的数据管理团队，制定了严格的数据管理和使用规范，并对教师进行了系统的培训。除此之外，还建立了算法审查委员会，定期评估和改进系统中的算法，以确保公正性和透明度。

虽然人工智能在高校教育管理应用中面临诸多挑战，但通过合理的规划、有效的管理和积极的应对措施，我们可以充分发挥其优势，推动高校教育管理向更加智能化、高效化和公平化的方向发展。

第三节　虚拟现实与增强现实技术的教育应用

一、虚拟现实与增强现实的技术特点

虚拟现实和增强现实作为新兴的前沿技术，具有独特而引人注目的特点，为教育领域带来了全新的体验和可能性。

虚拟现实技术通过创建一个完全沉浸式的数字环境，让用户置身于一个与现实世界截然不同的虚拟世界中。其主要特点包括高度的沉浸感、交互性和想象力。

沉浸感是虚拟现实技术的核心特点之一。通过头戴式显示器（HMD）等设备，用户的视觉、听觉甚至触觉等多种感官被完全包裹在虚拟环境中，使其能够暂时抛开现实世界的存在。例如，在一个虚拟的历史场景中，学生仿佛置身于古代的城市街道，看到周围的建筑、人物和风景，听到当时的声音，甚至感受到微风和温度的变化，这种身临其境的感觉能够极大地增强学习的吸引力和参与度。

交互性是虚拟现实技术的另一个重要特点。用户可以在虚拟环境中与各种对象进行自然而直观的交互。通过手柄、手套等输入设备，用户能够触摸、抓取、操作虚拟物体，与虚拟角色进行对话，甚至改变虚拟环境的状态。这种交互性使得学习过程不再是被动观察，而是主动探索和实践。比如，在一个虚拟的科学实验中，学生可以亲自操作实验仪器，进行各种实验步骤，观察实验结果，从而更深入地理解科学原理。

想象力的激发是虚拟现实技术的潜在优势。由于虚拟现实能够创建出几乎任何想象中的场景和情境，它为学生提供了一个无限的创意空间。无论是探索宇宙的奥秘、穿越历史的长河，还是构想未来的城市，虚拟现实都能够将抽象的概念和想象转化为具体的、可感知的体验，有助于培养学生的创新思维和创造力。

增强现实技术则是在现实世界的基础上叠加虚拟信息，实现对现实的增强和补充。其特点主要包括实时性、融合性和增强性。

实时性使得增强现实能够根据用户的位置、动作和环境的变化，实时更新和显示虚拟信息。这意味着用户在移动和与周围环境互动的过程中，虚拟信息能够始终与现实场景保持准确匹配和同步。例如，使用增强现实的导航应用，用户在行走时，手机屏幕上会实时显示路线指示和周边建筑的相关信息。

融合性是增强现实技术的关键特点之一。它能够将虚拟信息与现实世界无缝融合，使得虚拟和现实元素在视觉和空间上相互协调，形成一个统一的整体。这种融合不仅不会破坏用户对现实世界的感知，反而能够为现实世界增添更多的信息。比如，在博物馆中，通过增强现实眼镜，观众可以看到展品上叠加的历史背景、制作过程等详细信息，增强了对展品的理解和欣赏。

增强性是增强现实技术的主要目的。通过向现实世界添加额外的虚拟内容，如注释、图像、动画、3D 模型等，增强现实能够为用户提供更多的信息和帮助，改善用户对现实世界的认知和体验。例如，在工业维修场景中，技术人员佩戴增强现实眼镜，可以看到设备上叠加的维修步骤、故障诊断信息等，提高维修效率和准确性。

以一款虚拟现实教育应用为例，学生可以戴上头盔，"穿越"到恐龙时代，与恐龙近距离接触，观察它们的生活习性和行为特征。在这个过程中，学生完全沉浸在虚拟的史前世界中，通过与虚拟恐龙的互动，深入了解古生物学知识。而在一款增强现实的语言学习应用中，学生用手机摄像头扫描书本上的单词，屏幕上会立即显示出该单词的发音、释义和例句，同时还可能出现相关的动画或场景，帮助学生更好地记忆和理解。

虚拟现实和增强现实技术以其独特的特点为教育带来了前所未有的机遇，能够激发学生的学习兴趣，提高学习效果，培养创新能力和实践能力。

二、在高校教育中的应用领域

VR 与 AR 技术在高校教育中展现出了广泛而多样的应用领域，为教学和学习带来了创新和变革。

在自然科学领域，VR 和 AR 技术为学生提供了直观而生动的学习体验。例如，在物理学中，学生可以通过虚拟现实进入微观世界，观察原子和粒子的运动，或者模拟复杂的物理实验，如相对论和量子力学的相关现象，从而更好地理解抽象的物理概念。在生物学中，学生可以使用增强现实技术在实地考察时，通过手机或平板电脑识别动植物，并获取其详细的生物特征、生态习性等信息。

医学教育是另一个受益显著的领域。通过虚拟现实，医学生可以进行临床手术模拟，在安全的环境中练习复杂的手术操作，熟悉人体解剖结构和手术流程，提高手术技能和应对突发情况的能力。增强现实技术则可以在临床实习中为学生提供实时的病人信息和诊断提示，辅助医疗决策。

工程学科也能充分利用这些技术。在机械工程中，学生可以通过虚拟现实设计和组装机械部件，进行力学分析和模拟测试。在建筑工程中，增强现实技术可以将建筑设计图直接叠加在实际场地，帮助学生更好地理解设计意图，进行现场规划和调整。

人文社会科学同样能从 VR 和 AR 技术中获得助力。历史学科可以利用虚拟现实重现历史事件和场景，让学生"亲身经历"过去的时代，增强对历史的感受和理解。在考古学中，增强现实可以在遗址现场展示已经消失的建筑和文物的原貌，丰富考古体验。在语言学学习中，增强现实可以创造真实的语言环境，让学生与虚拟的语言角色进行交流。

艺术和设计类专业更是能够充分发挥这些技术的优势。虚拟现实为艺术创作提供了全新的媒介和表现形式，学生可以在虚拟空间中进行绘画、雕塑和动画创作等。增强现实则可以在设计过程中实时展示设计效果，例如在室内设计中，客户可以通过增强现实设备直接看到设计方案在实际空间中的呈现。

除此之外，在教育培训中，VR 和 AR 技术可以创建虚拟实验室、虚拟图书馆和虚拟校园等学习环境。学生可以随时随地访问这些虚拟资源，进行自主学习和探索。在职业培训方面，如航空航天、军事、消防等领域，虚拟现实可以模拟危险和高成本消耗的场景，进行安全有效的培训。

以某高校的化学课程为例，通过虚拟现实实验，学生能够在虚拟实验室中自由操作化学仪器，进行各种化学反应的模拟，观察分子结构的变化，而不用担心实验的危险和材料的消耗。在建筑设计专业中，学生使用增强现实眼镜，在实地考察中直观地看到设计方案与实际场地的融合效果，及时进行修改和完善。

这些技术在高校教育中的应用也面临一些挑战，如技术设备的成本较高、内容创作的难度较大、技术维护和更新的需求等。但随着技术的不断发展和普及，这些问题正在逐步得到解决，其应用前景将更加广阔。

三、在高校教育中应用的效果评估与展望

虚拟现实（VR）与增强现实（AR）技术在高校教育中的应用效果评估是衡量其价值和改进方向的重要环节，同时对其未来的发展也有着深远的影响和广阔的展望。

评估虚拟现实与增强现实技术在高校教育中的应用效果需要从多个维度进行考量。首先是学生的学习成果，包括知识的掌握、技能的提升以及学习态度和兴趣的转变。通过对比使用这些技术前后学生的考试成绩、作业表现、项目完成情况等，可以直观地了解其对学习效果的影响。例如，在一个使用 VR 进行地理教学的实验中，对比使用前后学生在地理知识测试中的成绩，发现使用后学生的平均成绩有显著提高。

学生的参与度和满意度也是重要的评估指标。观察学生在使用 VR/AR 技术进行学习时的主动参与程度、注意力集中情况以及对学习体验的反馈。通过问卷调查、小组讨论和个人访谈等方式，收集学生对技术应用的感受和建议。比如，在一项关于 AR 辅助语言学习的研究中，大部分学生表示这种新颖的学习方式增加了他们的学习兴趣和积极性。

对教学效率和资源利用的影响也是评估的关键方面。分析使用 VR/AR 技术是否节省了教学时间、提高了教学资源的利用效率。例如，在虚拟实验室中，学生可以多次重复实验操作，而无须担心实验设备的损耗和资源的浪费，从而更高效地掌握实验技能。

从教师的角度来看，评估技术对教学方法的改进、教学负担的减轻以及对教师专业发展的促进作用也至关重要。了解教师在运用这些技术时所面临的挑战和需求，以便提供更好的支持和培训。

在实际评估中，会发现虚拟现实与增强现实技术在高校教育中带来了显著的积极效果。例如，提高了学生对复杂概念的理解能力，增强了学生在实践操作中的技能水平，激发了学生对学习的热情和主动性。与此同时，也可能暴露出一些问题，如技术设备的舒适度和稳定性有待提高，教学内容的设计需要更加贴合教学目标，以及技术与传统教学方法的融合还需要进一步优化。

虚拟现实与增强现实技术在高校教育中的应用有着广阔的发展前景。随着技术的

不断进步，设备将更加轻便、舒适，成本也将逐渐降低，从而更广泛地普及到高校教育中。内容创作将更加丰富和多样化，涵盖更多学科和领域，满足不同专业的教学需求。与此同时，与人工智能、大数据等技术的结合将为个性化学习提供更强大的支持，根据每个学生的学习特点和进度提供定制化的学习体验。

除此之外，跨学科的应用将更加深入，不仅在理工科和艺术设计等领域发挥作用，也将在人文社科、管理等学科中创造更多的教育价值。国际间的合作与交流将促进优质教育资源的共享，共同推动 VR/AR 技术在教育领域的创新发展。

要实现这些美好的展望，还需要解决一些潜在的挑战。例如，加强技术标准的制定和规范，确保不同设备和内容之间的兼容性；提升教师的技术素养和教学能力，使其能够更好地运用这些技术进行教学创新；建立健全的教育评价体系，全面、客观地评估技术应用的效果；加强技术研发和教育实践的结合，以教育需求为导向推动技术的发展。

对虚拟现实与增强现实技术在高校教育中的应用效果进行科学评估，能够为其进一步发展提供有力的依据和指导。尽管面临一些挑战，但充满希望的未来前景激励着我们不断探索和创新，以充分发挥这些技术在高校教育中的优势，为培养适应时代需求的高素质人才做出更大的贡献。

第四节　物联网在高校学生教育管理中的创新实践

一、物联网对高校学生教育管理的促进作用

在当今数字化和智能化的时代，物联网（Internet of Things，简称 IoT）技术正逐渐融入高校学生教育管理的各个方面，为其带来了显著的改进和优化。

物联网通过将各种设备和物品连接到互联网，实现了数据的自动采集、传输和分析，从而为高校提供了更全面、实时和准确的信息，有助于提升教育管理的决策水平和服务质量。

在学生的学习管理方面，物联网技术能够实时监测学生的学习状态和行为。例如，通过智能教室中的传感器，可以收集学生的出勤情况、课堂参与度、注意力集中程度等数据。这些数据不仅可以帮助教师及时了解学生的学习状态，调整教学策略，还可以为学生提供个性化的学习建议和反馈。比如，对于经常在课堂上分心的学生，系统可以自动提醒教师给予关注，并为学生推荐相关的专注力训练资源。

在生活管理方面，物联网提高了宿舍管理的效率和安全性。智能门锁系统可以记录学生的进出时间，确保宿舍的安全。与此同时，传感器可以监测宿舍的环境参数，如温度、湿度、光照等，自动调节空调、照明等设备，为学生提供舒适的居住环境。当环境异常时，如发生火灾或漏水，传感器能够及时发出警报，通知相关人员进行处

理,保障学生的生命和财产安全。

物联网技术还优化了校园资源的管理和利用。图书馆中的智能书架可以实时显示图书的位置和借阅情况,方便学生查找和借阅图书,同时也有助于图书馆管理人员进行图书的盘点和补充。在实验室管理方面,物联网可以监控实验设备的使用状态和维护需求,实现设备的合理调配和及时维护,提高设备的使用效率。

对于学生的健康管理,物联网也发挥了重要作用。可穿戴设备,如智能手环、智能手表等,可以实时监测学生的运动数据、心率、睡眠质量等健康指标。这些数据可以上传到学校的健康管理平台,为学校提供学生整体健康状况的分析报告。一旦发现学生的健康指标异常,学校可以及时通知学生并提供相应的健康建议和医疗服务。

除此之外,物联网增强了学校与家长之间的沟通和协作。家长可以通过手机应用程序实时了解学生在学校的学习、生活和健康情况,与学校共同关注学生的成长。例如,当学生在学校的某项考试中成绩出现明显波动时,系统会自动向家长发送通知,使家长能够及时与学生和教师沟通,共同寻找解决方案。

以某高校为例,该校引入了物联网技术来管理学生的食堂用餐。通过智能餐盘系统,能够自动记录学生的饮食选择和消费情况,为学校提供学生的饮食偏好和营养摄入数据。基于这些数据,学校食堂可以调整菜品供应,提供更符合学生营养需求的饮食,同时也有助于预防学生的饮食不规律和营养不均衡问题。

物联网技术为高校学生教育管理带来了多方面的改进,使得管理更加精细化、智能化和人性化,为学生创造了更好的学习和生活环境。

二、物联网对高校学生教育管理的创新实践

随着物联网技术的不断发展和成熟,其在高校学生教育管理中的创新实践日益丰富多样,为提升教育管理水平和学生体验带来了全新的思路和方法。

在智能教学环境的构建方面,物联网实现了教室的智能化升级。通过部署智能投影仪、电子白板、智能音响等设备,并将它们与物联网平台连接,教师可以根据教学内容和学生的需求,适时调整教室的光线、温度、音量等环境参数,创造出最适合教学的氛围。例如,在进行多媒体教学时,系统可以自动调暗灯光,提高投影效果;在进行小组讨论时,调整音响模式以增强声音的清晰度和方向感。

物联网还推动了个性化学习方案的实施。借助智能学习设备和传感器,学校可以实时收集学生的学习行为数据,如阅读习惯、做题速度、思考时间等。基于这些数据,为每个学生制订个性化的学习计划和课程推荐。例如,对于数学学习中擅长逻辑推理但计算速度较慢的学生,系统会推荐侧重于思维训练并适当增加计算练习的课程内容。

在校园安全管理上,物联网技术带来了创新的解决方案。利用视频监控与分析系统,结合人脸识别和行为分析技术,可以实时监测校园内的人员流动和异常行为。例如,当系统识别到陌生人在敏感区域长时间逗留或学生在靠近危险区域时,会自动发出警报并通知安保人员。与此同时,智能消防系统可以实时监测火灾隐患,如烟雾浓度、温度异常等,并在紧急情况下自动启动灭火设备和疏散指示。

在学生的实践教学中，物联网也发挥了重要作用。通过在实验设备和实习场所部署传感器和监测设备，学校可以远程监控学生的实践操作过程，提供实时指导和评估。例如，在工程实习中，学生操作机床的参数和动作可以被实时传输到教师的终端，教师可以及时发现错误操作并给予纠正，提高实践教学的效果和安全性。

物联网还促进了校园服务的智能化和便捷化。例如，智能快递柜系统通过与物联网平台连接，能够实时通知学生包裹的到达和存放位置，方便学生随时领取。智能报修系统让学生可以通过手机应用直接提交设备损坏的信息，维修人员能够迅速获取故障详情并准备相应工具，提高维修效率。

除此之外，一些高校利用物联网技术开展了绿色校园的创新实践。通过安装智能水电表和环境监测设备，实时掌握校园内的能源消耗和环境质量状况。根据数据分析，学校可以制定合理的节能策略和环保措施，如自动控制灯光和空调的使用，实现节能减排和环境保护的目标。

以一所综合性大学为例，该校利用物联网技术打造了"智慧校园"平台。在教学方面，实现了教学设备的自动化管理和个性化教学服务；在安全管理上，建立了全方位的智能监控和预警系统；在校园服务方面，推出了智能图书馆、智能食堂等一系列应用。通过这些创新实践，学校的教育管理效率显著提高，学生的满意度也大幅提升。

物联网在高校学生教育管理中的创新实践也面临一些挑战，如技术标准不统一、数据安全和隐私保护、设备兼容性等问题。但随着技术的不断进步和管理的逐步完善，这些问题将逐步得到解决，物联网的创新应用将为高校教育管理带来更多的可能性和机遇。

三、物联网在高校教育中应用的前景分析

物联网作为一项具有变革性的技术，在高校教育中的应用前景广阔，充满着无限的可能性和潜力。

在未来，物联网将进一步推动教育模式的创新和变革。随着人工智能、大数据等技术与物联网的深度融合，个性化教育将得到更充分的实现。通过对学生学习行为、兴趣爱好、知识掌握程度等多维度数据的实时分析，教育系统能够为每个学生量身定制精准的学习路径和教学方案，真正做到因材施教。例如，智能辅导系统能够根据学生的实时学习情况，动态调整教学内容和难度，提供即时的反馈和建议，使学习过程更加高效和个性化。

物联网将打造更加智能化和互动性强的教学环境。教室中的设备将实现更加有效的连接和协同工作，为教学活动提供更加丰富多样的支持。虚拟和增强现实技术与物联网的结合，将为学生带来沉浸式的学习体验，让他们能够在虚拟场景中进行实践操作和探索。例如，在医学教育中，学生可以通过物联网连接的虚拟现实设备，进行模拟手术和临床操作，提高实际操作技能。

在校园管理方面，物联网将实现更加精细化和高效的运营。从能源管理到设施维护，从人员流动监控到资源分配优化，物联网将提供全面而实时的数据支持，帮助学

校做出更加科学合理的决策。例如，通过智能传感器对校园建筑的能耗进行实时监测和分析，学校可以采取针对性的节能措施，降低运营成本，实现可持续发展。

物联网还将促进高校之间以及高校与社会的资源共享和合作。通过物联网平台，高校可以共享优质的教学资源、实验设备和研究成果，打破地域和校际的限制，实现教育公平和共同发展。与此同时，高校与企业、科研机构的合作将更加紧密，通过物联网实现产学研深度融合，加速创新成果的转化和应用。

要实现这些美好的前景，也面临着一些挑战和需要解决的问题。首先是技术的不断更新和升级，需要高校持续投入资金和人力进行基础设施的建设和维护。其次是数据安全和隐私保护的问题，大量学生和学校的敏感信息在物联网中传输和存储，需要建立严格的安全机制和法律法规来保障。除此之外，教师和管理人员的技术素养和观念的转变也是关键，需要加强培训和教育，让他们能够充分利用物联网技术提升教育管理水平。

尽管存在挑战，但随着技术的进步和社会对高质量教育的需求不断增长，物联网在高校教育中的应用前景依然令人充满期待。未来的高校将借助物联网技术构建更加智慧、高效、个性化的教育生态系统，为培养适应时代需求的创新型人才提供有力支持。

物联网在高校教育中的应用前景广阔，但需要各方共同努力，克服挑战，充分发挥其潜力，为高校教育带来更多的创新和发展。

第五节　云计算在高校教育资源共享中的作用

一、云计算实现高校教育资源共享的原理

在当今数字化时代，云计算技术已成为推动高校教育资源共享的关键力量。其实现资源共享的原理基于一系列先进的技术和架构设计。

云计算的核心概念是将计算任务和数据存储从本地设备转移到远程的数据中心，这些数据中心由云服务提供商进行管理和维护。通过网络连接，用户可以按需访问和使用这些资源和存储服务。

在高校教育资源共享的应用场景中，云计算首先提供了强大的存储能力。高校拥有海量的教学资料，包括课件、教案、视频、文献等。传统的本地存储方式往往受到硬件设备容量的限制，且难以实现高效的管理和传输。而云计算平台能够提供几乎无限的存储空间，高校可以将各类教育资源上传至云端，实现集中存储和管理。例如，一所拥有多个校区的综合性大学，可以将各学科的教学资源统一存储在云服务器上，无论师生身处哪个校区，都能够便捷地访问和获取所需资源。

云计算还具备弹性扩展的特性。这意味着高校可以根据实际需求灵活调整计算

和存储资源的使用量。在教学高峰期，如期末考试阶段或大规模在线课程开展时，对资源的需求会急剧增加。云计算能够迅速为高校分配更多的计算能力和存储空间，以确保系统的稳定运行和服务质量。反之，在需求较低时，可以相应地减少资源分配，从而降低成本。这种弹性扩展的能力有效地解决了高校教育资源使用的波动性问题。

云计算通过虚拟化技术实现资源的高效利用。虚拟化将代理服务器、存储设备和网络等硬件资源抽象为虚拟资源池，使得多个虚拟机可以在同一物理设备上同时运行，并且相互隔离。这样，高校可以在同一云平台上同时运行多个教学应用和服务，如在线学习系统、教学管理系统、虚拟实验室等，而不会相互干扰。与此同时，虚拟化技术还便于对资源进行动态分配和调整，提高了资源的利用率。

数据同步和备份是云计算实现资源共享的重要环节。云服务提供商通常会采用多重备份和数据同步机制，确保教育资源的安全性和可靠性。即使本地设备出现故障或数据丢失，高校也能够从云端快速恢复数据，保障教学活动的连续性。例如，教师在修改教学课件时，其更改会实时同步到云端，其他教师和学生能够立即获取到最新版本。

除此之外，云计算通过网络提供了广泛的访问接口和协议，支持多种终端设备的接入。无论是个人电脑、平板电脑、智能手机还是智能电视，只要能够连接网络，用户就可以随时随地访问云端的教育资源。这极大地提高了资源共享的便捷性和灵活性，满足了师生在不同场景下的学习和教学需求。

以某高校的在线课程平台为例，该平台基于云计算架构搭建。学校将录制好的课程视频上传至云端存储，学生可以通过网络在任何时间、任何地点使用各种设备观看课程。当有大量学生同时在线学习时，云计算平台会自动增加计算资源，保证视频播放的流畅性。与此同时，教师对课程内容的更新能够实时同步到所有学生的终端，实现了高效的教育资源共享。

云计算通过提供大容量存储、弹性扩展、虚拟化、数据同步与备份以及广泛的访问接口等功能，为高校教育资源共享构建了坚实的技术基础，打破了时间和空间的限制，促进了教育资源的优化配置和高效利用。

二、高校资源共享的模式与优势

在高校教育领域，云计算支持下的资源共享呈现出多种模式，每种模式都具有独特的特点和显著的优势。

一种常见的模式是公共云服务模式。高校可以选择使用由大型云服务提供商，如亚马逊 AWS、微软 Azure、阿里云等提供的公共云服务。在这种模式下，高校无须自行建设和维护数据中心，而是将教育资源存储和处理任务交给专业的云服务提供商。这大大降低了高校在硬件设施和运维方面的投入成本。与此同时，公共云服务通常具有高度的可扩展性和可靠性，能够快速响应高校在教学高峰期间对资源的需求增长。例如，在期末考试期间，大量学生需要访问在线学习资料和进行模拟考试，公共云服务可以迅速调配更多的服务器资源来保证服务的稳定和流畅。

另一种模式是私有云模式。高校自行构建和管理专属的云计算平台，用于内部的教育资源共享。这种模式提供了更高的安全性和定制性，高校可以根据自身的需求和政策对资源进行严格的访问控制和管理。例如，对于涉及敏感研究数据或机密教学资料的共享，可以在私有云环境中进行更精细的权限设置，确保只有授权人员能够访问和使用。除此之外，私有云可以更好地与高校现有的 IT 基础设施和管理流程相融合，实现无缝对接。

还有一种混合云模式，结合了公共云和私有云的特点。高校将一些非敏感的、公共性较强的教育资源存储在公共云上，以降低成本和提高资源的可访问性；而将重要的、敏感的资源保留在私有云中，以保证安全性和控制权。例如，一般性的教学课件和公开课程可以放在公共云上，方便学生和公众获取；而涉及科研成果、学生个人信息等敏感数据则存储在私有云中。

三、高校资源共享的优势

（一）资源共享打破了校际的信息壁垒，实现了优质教育资源的广泛传播

不同高校可以分享各自的特色课程、优秀教学案例和研究成果，使更多的师生受益。例如，一所理工科高校的前沿科研成果可以通过云平台被其他高校的相关专业师生所借鉴和学习，促进学科的共同发展。

（二）提高了资源的利用率

通过共享，避免了高校之间重复建设相同的资源，节省了大量的人力、物力和财力。与此同时，闲置的资源可以被充分利用，提高了资源的使用效率。比如，一些高校在特定时间段内闲置的计算资源可以通过云平台共享给其他有需求的高校，实现资源的优化配置。

（三）促进了教育公平

云计算使得地处偏远地区或资源相对匮乏的高校也能够享受到与发达地区高校同等质量的教育资源，缩小了地区之间和校际的教育差距。学生无论身在何处，都有机会接触到丰富多样的优质教学内容。

除此之外，资源共享还推动了教学模式的创新。教师可以借鉴其他高校的先进教学方法和手段，开展混合式教学、翻转课堂等新型教学模式的探索和实践。学生也能够根据自己的兴趣和需求，自主选择更多的学习资源，拓展知识面和视野。

以几所高校联合开展的跨校课程共享项目为例，通过云计算平台，学生可以选修其他高校的热门课程，并获得相应的学分。这不仅丰富了学生的课程选择，还促进了高校之间的教学交流与合作。与此同时，通过对共享资源使用情况的数据分析，高校

能够了解学生的学习需求和偏好，进一步优化课程设置和教学资源的开发。

云计算支持下的高校资源共享模式为高校教育带来了诸多优势，推动了教育资源的优化配置、教育公平的实现以及教学模式的创新发展。

四、云计算在高校教育中应用的注意事项

尽管云计算在高校教育资源共享中具有显著的优势，但在实际应用过程中，也需要注意一系列重要事项，以确保其安全、有效和可持续地发挥作用。

数据安全和隐私保护是首要关注的问题。高校教育资源中包含大量敏感信息，如学生的个人资料、考试成绩、科研成果等。在将这些数据存储和处理于云端时，必须确保云服务提供商具备严格的安全措施和合规性。高校应与云服务提供商明确数据的所有权、访问权限和使用规则，并定期进行安全审计和风险评估。例如，采用加密技术对数据进行传输和存储，设置严格的用户认证和授权机制，防止数据泄露和滥用。

服务质量和稳定性也是至关重要的。高校的教学活动具有明确的时间节点和质量要求，如在线课程的播放不能出现卡顿、教学管理系统不能出现故障等。因此，在选择云服务提供商时，要考察其服务水平协议（SLA），包括网络带宽、服务器性能、故障恢复时间等指标。与此同时，高校自身也应建立应急预案，以应对可能出现的服务中断等突发情况。

成本控制是需要谨慎考虑的因素。虽然云计算可以降低硬件投入和运维成本，但不同的云服务模式和使用方式会导致费用的差异。高校需要根据实际需求合理选择云服务套餐，并对资源的使用进行监控和优化，避免不必要的费用支出。例如，在非教学高峰期合理调整资源配置，降低使用成本。

与现有系统的集成和兼容性也是一个挑战。高校通常已经拥有一系列的教育信息化系统，如教务管理系统、图书馆管理系统等。在引入云计算服务时，要确保新的云平台能够与这些现有系统进行无缝集成，实现数据的顺畅流通和业务的协同工作。否则，可能会导致数据孤岛和工作流程的中断。

教师和学生的培训和支持不可忽视。为了充分发挥云计算的优势，教师和学生需要掌握相关的操作技能和使用方法。高校应提供针对性的培训课程和技术支持，帮助他们熟悉云平台的功能和应用。例如，开展在线学习平台的使用培训，让教师能够熟练运用云平台进行教学活动的设计和管理。

法律和合规问题也需要引起重视。在使用云计算服务时，高校必须遵守相关的法律法规，特别是关于数据保护、知识产权等方面的规定。与此同时，要明确云服务提供商在法律责任方面的义务和承诺，避免潜在的法律风险。

除此之外，数据迁移和备份管理也需要精心设定。如果需要更换云服务提供商或出现系统故障，要有完善的数据迁移和备份方案，确保数据的完整性和可用性。

例如，某高校在引入云计算服务初期，由于对成本估计不足，导致费用超出预算。后来通过优化资源配置和选择更适合的服务套餐，解决了成本问题。与此同时，在数

据安全方面，该校加强了与云服务提供商的合作，建立了定期的安全评估机制，保障了教育资源的安全。

云计算在高校教育中的应用需要综合考虑多方面的因素，关注数据安全、服务质量、成本控制、系统集成、人员培训等注意事项，以实现云计算技术在高校教育资源共享中的最大价值。

参考文献

[1] 马国川，赵学勤. 1989 年：中国高校收费改革元年 [J]. 教育，2010 (12)：48 - 49.

[2] 马继彬. 浅谈高校贫困生的道德教育 [J]. 老区建设，2008 (12)：50 - 51.

[3] 陈联娇，温金英. 大学生心理问题形成的原因和健康教育初探 [J]. 科技资讯，2008 (39)：42.

[4] 冯慧芸. 大学生弱势群体的成因及对策分析 [J]. 今日南国，2010 (4) 10 - 11.

[5] 杨仁彪. 大众化教育对高校思想政治教育的影响刍探 [J]. 企业家天地，2011 (4)：140 - 141.

[6] 柯荔宁. 大学贫困生问题的调查研究 [J]. 福建医科大学学报：社会科学版，2003 (6)：77 - 80.

[7] 王美锁，覃焕昌. 贫困大学生产生心理问题的原因、表现及对策 [J]. 教育与职业，2010 (14)：86 - 88.

[8] 王欢. 贫困大学生心理健康问题的成因分析及对策研究 [J]. 黑河学刊，2007 (1)：142 - 144.

[9] 张莲. 浅谈高校贫困生的心理脱贫 [J]. 知识经济，2014 (3)：138.

[10] 龙晓东. 贫困大学生心理健康问题成因分析及对策研究 [J]. 高等教育，2003 (5)：90 - 93.

[11] 苏云升. 论我国高校贫困生精神助困的关怀体系 [J]. 黑龙江高教研究，2010 (5)：128 - 130.

[12] 伍汝辉. 利用校园文化活动加强大学生心理健康教育 [J]. 湖南第一师范学院学报，2012，12 (6)：65 - 67.

[13] 胡勇，乔利霞. 利用朋辈心理辅导，完善心理健康教育 [J] 中国教师，2010 (24)：43 - 44.

[14] 张人崧. 高校贫困生"资助—自助"一体化救助模式的构建 [J]. 教育与职业，2013 (2)：40 - 41.

[15] 曹荣强. 高校校园安全风险与防范措施研究 [J]. 吉林省教育学院学报，2019，35 (5)：135 - 138.

[16] 朱政. 构建和谐校园理念下的高校安全治理：透视校园危险行为 [J]. 北华大学学报：社会科学版，2009，10 (4)：110 - 122.

[17] 李彬. 新就业形势下大学生培养模式改革措施研究 [D]. 青岛：中国石油大学（华东），2009.

[18] 陈桂菊. 贫困大学生心理健康问题研究 [D]. 武汉：中南民族大学，2008.

［19］宋娟．优秀贫困大学生心理弹性的建构研究［D］．上海：华东师范大学，2007.

［20］胡侠．贫困大学生精神贫困的状况及对策［D］．武汉：华中师范大学，2011.

［21］李雪娇．大学生心理危机应对研究［D］．哈尔滨：东北林业大学，2014.

［22］孔德生．高校在校贫困大学生人格特征分析及教育对策研究［D］．长春：吉林大学，2004.

［23］屈正良．大学生心理健康教育工作的现状分析与对策研究［D］．长沙：湖南农业大学，2006.

［24］胡新峰．大学生思想政治教育机制研究［D］．长春：东北师范大学，2014.

［25］王瑞荣．高校贫困生心理健康教育探析［D］．哈尔滨：哈尔滨工业大学，2007.

［26］郭昕．我国普通高校贫困生资助问题研究［D］．武汉：华中师范大学，2013.

［27］王艳红．贫困大学生思想政治教育策略研究［D］．北京：首都经济贸易大学，2012.

［28］蔡桂珍．新时期高校校园文化建设研究：以福建省高校为例［D］．福州：福建师范大学，2013.

［29］刘玉君．高校和谐校园文化构建研究［D］．成都：电子科技大学，2004.

［30］梅鲜．高校思想政治教育第二课堂建设研究［D］．上海：复旦大学，2013.

［31］刘丹．高校贫困生思想政治教育研究［D］．大庆：东北石油大学，2012.

［32］宋妍．当前大学生心理健康状况与高校挫折教育研究［D］．哈尔滨：东北林业大学，2006.

［33］刘好香．高校"两课"教师队伍建设研究［D］．武汉：华中师范大学，2002.

［34］彭美贵．现代化视角下大学生和谐人格建构研究［D］．南京：南京理工大学，2013.

［35］张雪飞．高校思想政治理论课教学实效性研究［D］．大连：辽宁师范大学，2011.

［36］吕珊珊．中国居民收入差距的影响及改革对策研究［D］．大连：东北财经大学，2012.

［37］肖建国．"问题大学生"的成因及教育转化策略研究［D］．长春：东北师范大学，2014.

［38］陈炯波．大学生抗挫折能力现状及培养途径研究［D］．重庆：西南政法大学，2014.

［39］尹丽艳．我国高校受助贫困生感恩伦理研究［D］．株洲：湖南工业大学，2013.

［40］戴巍．大学生挫折心理成因分析及对策研究［D］．成都：四川大学，2006.

［41］赵骥飞．国家助学贷款还款违约行为分析［D］．济南：山东大学，2012.

［42］杨波．当代大学生感恩教育实效性研究［D］．哈尔滨：东北林业大学，2009.

［43］赵成．安全防范系统风险及效能评估研究［D］．山东建筑大学，2016.

［44］刘伟．高校应急管理能力研究［D］．中国矿业大学，2009.